# 天才を殺す凡人

職場の人間関係に悩む、すべての人へ

北野唯我

日本経済新聞出版社

この物語は、公開すぐ30万PVを超えた
話題のブログ
「凡人が、天才を殺すことがある理由。」
を書籍化したものである

仕事をしていて、
ふと考えて
しまうこと

なんで私は
あの人みたいに
できないんだろう

そもそも自分の
得意なことって
何だろう

どうしてあの人は、
あんな言動を
するんだろう

どうしてこの職場は
ギスギスしているんだろう

どうすればもっと
評価してもらえ
るんだろう

僕はどこに向かって
歩いていけばいいんだろう

この世界は
天才と秀才と凡人でできている

| 天才 | 秀才 | 凡人 |
| --- | --- | --- |
| 「創造性」で評価される | 「再現性」で評価される | 「共感性」で評価される |

でも、三者は殺し合うことがある

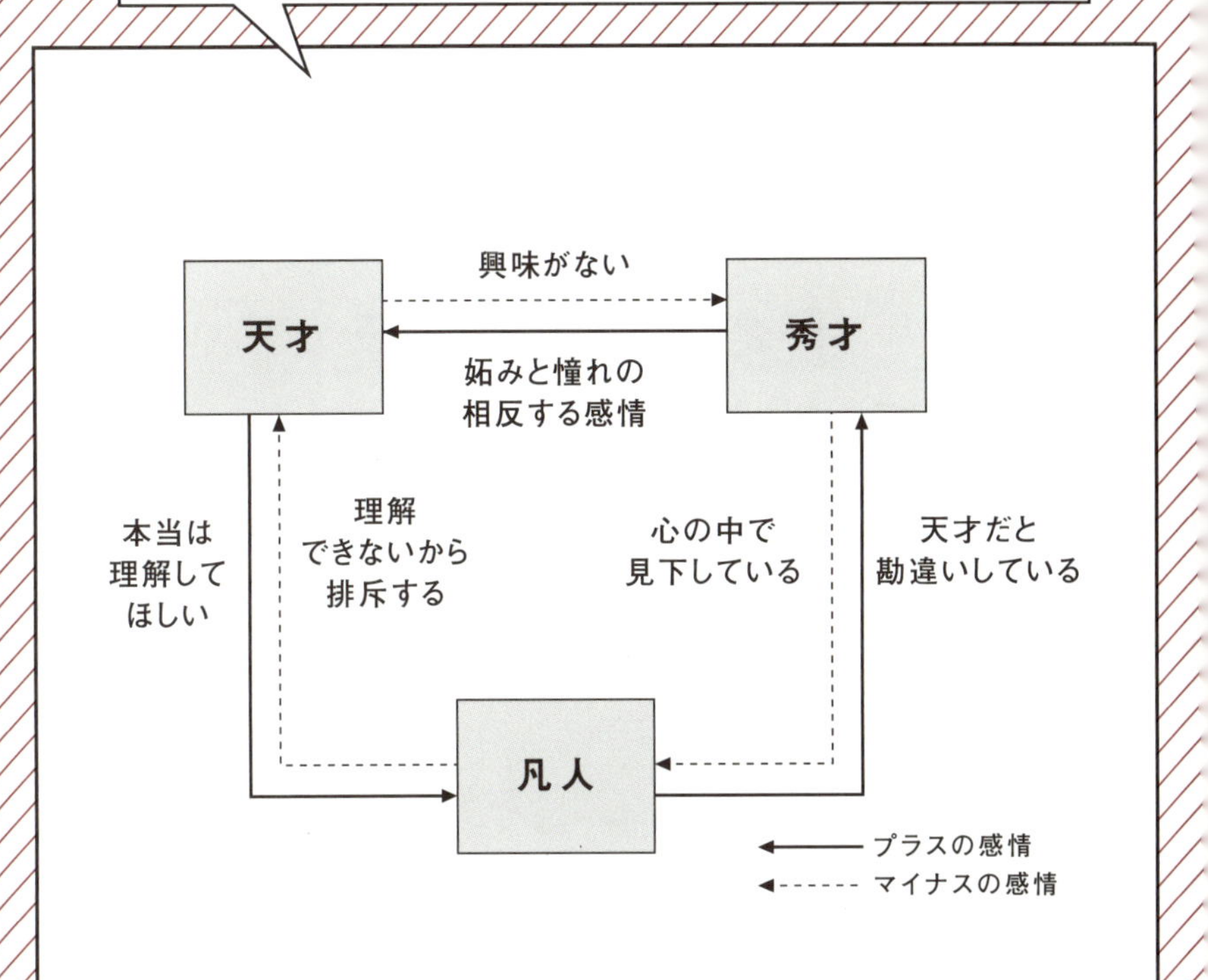

## さあ、才能をめぐる旅に出掛けよう！

「多数決」こそ
天才を殺すナイフだ

天才は物理の世界で生き、
秀才は法律の世界で生きる

自分に配られたカードが
何かを知れ

秀才は天才に対し、
「憧れと嫉妬」を
抱いている

天才の役割は、
世界を前進させること。
そしてそれは「凡人」の
協力なしには成り立たない

おめには
「共感の神」になる
才能がある

# まえがき

働いていて
「悔しい」

と思ったことはありますか。

たとえば、

「なんで自分はあの人みたいに器用にできないのだろう」

「なぜ、言いたいことがうまく伝わらないのだろう」

「どうして人は理解してくれないのだろう」

そう思うことです。


私はあります。

でも、これはなにも珍しいことではなく、仕事に真剣に向き合う人であれば、人生で一度くらいは「悔しい」「なぜこうなってしまったんだろう?」と思ったことがあるはずです。

そしてこの「悔しい」という感情は、勘違いされがちですが、実は他人ではなく、自分へ向けられた気持ちだと思うのです。言い換えれば、「自分の才能を自分自身が活かしきれていないことへの焦りや悲しみ」です。だからこそ、人は「もっとできるはずなのに……」と悔しくなるのではないでしょうか。

だとすれば、問題はこの「才能の正体」です。具体的には、自分の才能とは一体なにか？　です。

ですが、冷静に考えてみて「自分の才能はなにか？」を理解することは恐ろしく難しいことです。あなたの才能はなんですか？　と聞かれ、その場でストレートに答えられる人は、相当自分のことを知り尽くしている人間だけです。ほとんどの人は答えに窮するのではないでしょうか。

この本は、才能を「ビジネスの世界で必要な三つ」に定義し、その才能を活かす方法を段階的に解き明かしていきます。

本書を読み終わる頃には
「どうやって、自分の才能を段階的に高めるのか」

「自分の才能を仕事で活かす、具体的な方法」

「組織が異なる才能をコラボレーションさせる方法」

のヒントが見つかることを約束します。この本に書かれている物語の中には、「天才」と「秀才」と「凡人」の三人のプレーヤーが登場しますが、これは特定の誰かではなく、あなた自身の中にもいる三人です。この三人は殺し合ったり、時に助け合ったりしながら、普段、仕事をしています。


「なぜ、凡人は天才を殺すことがあるのか」


まず、この問いを解き明かすことにしましょう。これによって第一の才能である「創造性」の謎が解けていきます。

さあ、才能を理解し、愛する旅に出掛けてみましょう。

ステージ1

# 才能ってなんだろう

ステージ

## 2／相反する才能

ステージ

# 3／武器を選び、戦え

# ステージ1 才能ってなんだろう

## アンナは終わった？

「この記事、見たか？　青野」

「は、はい……」

その週刊誌には『カリスマ女社長、暴走加速！　企業を私物化する元カリスマ経営者は、年収〇〇〇〇万円⁉』の見出しが躍っていた。目の前の男は続けた。

「こういう記事が出ないようにするのが、お前の仕事だよな？」

鋭い視線が飛んでくる。

とほほ……その通りだった。僕の仕事は広報。企業のブランドイメージを上げることが役割だ。

目の前の男、上山経理財務部長はさらに続けた。

「これだから、社長のコネだけで食べている人間は」

ギョロ目の視線が、僕の社員証に向かう。青野トオル——僕の社員番号は０００３。うちの会社では社員番号は入社順につく。つまり、創業して三人目の社員ということだ。

「す、すみません……」

「とにかく、今期もこのままのパフォーマンスだと減給対象だ。今うちの業績は苦しいので、ボーナスもカット対象。主要ＫＰＩ（重要業績評価指標）の改善を求める」

「は、はい」


実際ここ2年、僕の給与は右肩下がりだ。

外資系出身の神咲秀一が最高財務責任者（ＣＦＯ）に就任してから、会社には実力主義が敷かれるようになった。それまでは古株社員だから「なんとなく」でそこそこの給与をもらっていたが、厳密な数字で評価がくだされるようになった。

そして、僕の仕事のほとんどは「定量化できないもの」として評価され、最低評価であるＤを2年連続もらうことになった。結果、僕に付けられたあだ名は「社長イソギンチャク」だった。

つまり、社長にくっついているだけの存在、ということだ。

こういうときはなんともいえない虚しさを感じる。

そして僕はありもしない空想にふける。


「あの頃は楽しかったよな」

思い出すのは創業当時だ。僕は25歳だった。社長も、他のメンバーも本当に一枚岩だった。ジェットコースターのような日々だったけど、毎日笑ってばかりいた。皆が同じ方向を向いて進んでいた。あれからもう10年経った。


「転職するしかないのかな」

この1年で4回以上は考えただろうか。

実際、転職活動もしてみた。でもいつも「ある質問」を聞かれるたび、答えに窮するのだった。

「あなたは、うちの会社に入ったら何がしたいですか？」

何がしたいか？　僕は何がしたいのだろうか？

考えてみる。でも答えは出ない。

もちろん、適当に答えることはできる。でもそうじゃない本当のところを考えると、どうしても「何がしたいのか」が、よくわからなくなるのだった。

僕が今の会社に入った理由はたった一つ。

上納アンナとの出会いだった。


「天才だ」

初めて彼女に出会ったとき、電撃が走ったような感覚を覚えた。その才能に惚れ込んだ。

だから、彼女のいない会社でやりたいことなんて考えられなかったのだ。

うちの会社は、テクノロジーを売りにしている。

画像認識と音声認識を軸に、セキュリティ会社へのシステム開発や、検索エンジンシステムの受託製作を行っている。最近では、スマートフォンに最適化した、動画作成サービスも始めた。いわゆる「テクノロジーカンパニー」だ。

僕はネクタイを緩めた。こういう日は一人でいたくない。

※　　※　　※

「でもなぁー、うちの会社も終わりなんですかね〜」

ここは居酒屋。どこにでもあるチェーン店だ。同期の横田と後輩は続けた。

「いや、上納アンナも終わりって感じだろ。あのインタビュー見たかよ？」

「あぁ、見ました。がっかりしましたよ。社長は本当に自分のことしか考えていないんですね……僕、昔は上納アンナ派だったんですよ」

「俺もだぜ」

「まぁでも、40歳手前でも美人なのは変わらないですけどね」

ハハハハハ。二人がそう笑うと、居酒屋に下品な笑いが広がった。僕はイラっとした。

彼らはわかっていない。僕は反論した。

「違うよ、上納アンナはまだ死んでいない」

そう言うと、二人は「またかよ」という顔をした。

「はいはい、出た出た」

同期の横田が言う。僕は返す。

「それにさ、社長批判はやめろよ。カッコ悪いだろ」

「ほー、広報くんが語るねえ。でも、本当かよ？　もう彼女の時代は終わったんじゃないか？」

「終わっているわけないだろ、誰がこの会社作ったと思ってんだよ。無責任な発言するなよ」

上納アンナ。彼女はこの会社の創業者であり、社長である。社名、〝CANNA（カンナ）〟は、彼女の名前ANNAからきている。

「いやいや、青野さん。そんな熱くならないでくださいよ」

とりなすような後輩の言葉をさえぎり、横田は言う。

「でもよ、青野。仮に百歩譲ってそうだとしても、つまり、彼女が終わってないとしても、それをうまく見せるのがお前の仕事じゃないのかよ？」

「え？　どういうことだよ？」

「広報って〝見せ方〟のプロ。そういう仕事じゃねえのかよ？」

「……まぁそうだけど……」

「だとしたら、お前のほうが無責任だろ」

その通りだった。まさに上納アンナの魅力をきちんと社内外に伝えること、それができていないのは僕のせいだ。僕は下を向くしかなかった。

このときの気持ちをどう表せばいいだろうか？　自分が心から良いと思っていることが、自分の力不足で相手に十分伝わらないとき。

怒り？　悲しみ？　違う。

今、上納アンナという「天才」が殺されようとしている。もはや、僕にできることはないのだろうか？

空気を察したのか、後輩が呟いた。

「でもまぁ、青野先輩も辛いんですよね、横田さんもそんな苛めないでくださいよ」

「わははは、そうだな、ごめんな、青野」

そう言うと、横田は僕の肩をバンっと叩いた。

違う。

僕は僕のことでどうこう言っているんじゃない。この世界に生まれた「天才」が今、殺されようとしていること、それをわかっていながらも、自分には何もできないこと。その無力さなんだ。この気持ち、言い表すならそれは〝悔しい〟だ。

## ハチ公、語り出す

僕は深夜の渋谷を歩いていた。

「あ、雨だ」

こういう日に限って、ついていない。誰かが呟いた途端、人だかりは駅に向かって走り出した。一気に雨脚が強くなり、土砂降りになると、周りから誰もいなくなった。

僕は、いつもなら人だかりがあるハチ公像の前で、ぼんやりと見上げた。

ハチ公が見ている。そんな気がした。

「お前、雨の中大変だなあ……」

ビショビショになったスーツの裾が冷たくなってきた。ハチ公は雨にも負けず、しっかり前を見つめている。

「犬か……犬。皆に愛されるような存在……いっそ、犬にでもその秘訣を教えてほしい気分だよ」

僕はどうしようもない、ばかばかしい言葉を犬の銅像に向かって呟いた。


……？　一瞬犬の口角が上がった気がした。


そんなわけはない。雨は強くなる。誰もいない渋谷で僕は心の中で叫んだ。

お願いです。どうか、僕に力を貸してください。上納アンナを救いたいんです。だって彼女は、僕が人生で初めて惚れ込んだ「才能」なんです！

ハチ公像がキラリと光った。

「その願い、叶えてやるワン」

「え……⁇」

※　※　※

翌朝、目がさめると、目の前に犬が座っていた。

「よお」

え？　え？　犬が言葉を話している……。見た目は忠犬ハチ公そのもの。どっからどう見ても、秋田犬だ。でも犬が話している。

「よお」

僕は自分の目と耳を五度疑った。僕は一通り疑い終わると、こう言った。

「だ、だ、誰なんですか？」

「犬だ」

「あ、それは、見たらわかりますが、なんでしゃべってるんですか？」

「しゃべる犬やからや」

「いや、あの、そういうことじゃなくて……」

「じゃあなんや？」

「何者なんですか、その。あなたさまは？」

なぜか敬語が出た。

「オラか？」

「はい」

「CWOだ」

CWO？　最高経営責任者（CEO）のようなものだろうか。

僕はとにかく得体の知れないものを見ている感覚だった。

「シーダブリューオー……な、なんですか、それ？」

「チーフ・ワンワン・オフィサー」

「ち、ち……？」

「チーフ・ワンワン・オフィサー、な」

「あ、それは、もしかして犬だからワンですか？」

「んだべ」

「関西弁に微妙に東北弁が混じっていませんか？」

「それはオラ、大阪育ちの秋田犬やから」

「……か、帰ります」

「帰るって、ここ自分の家だべ」

「あ、じゃあ、会社行きます」

「待て待て待て。嘘やん、嘘。ジョークやんか。おめホンマ、わかってない。関西人ちゃうやろ。本当はな、オラはＣＴＯや、ＣＴＯ」

ＣＴＯ？　最高技術責任者……でも、犬なのに？

僕は犬の足を見た。丸っこくプリンとしている。この足でエンジニアリングなんて、できるわけない……。

とほほ。犬にまで、からかわれている。

その気持ちを見抜いたのか、目の前の犬はニヤリとした。

「違う、Ｔはタレントの Ｔや。すべての才能を司る者、チーフ・タレント・オフィサーや！才能を知り尽くし、全生物の頂点に立つ男だべ！」

## CTO : Chief Talent Officer

「……は、はぁ？」

「あんちゃ、昨日こう言ったな。『犬に秘訣を教えてほしい』って、じゃあ、クイズを出そう。オラたち『犬の才能』はなんやと思う？」

「犬の才能⁉」

「んだ。だって不思議やないか。犬なんて、現代やと、ほとんど役に立たへん。むしろ、餌代もかかるし、うんちもおしっこも撒き散らす。散歩にも連れていかなきゃならねえ。だども、人間はメロメロや。何もせんでも餌をくれる。お金も時間も使ってくれる。それはたとえるなら、タレントちゃうか?」

犬がタレント……?　考えたことがなかった。でもたしかに、犬ほど世話がかかる、でも、人を魅了している動物は少ない。

「まぁ、言われてみたら……」

「んだべ!　ええか。なぜ犬が人を魅了するのか。それは三つの要素があるからや。なんか、わかるか?　ここから才能を理解する一歩が始まる」

「犬が愛される理由……?　かわいいからですか?」

「あー、アホや。アホ。脊髄でしゃべってるやろ、おめ?　かわいいだけの動物なんて腐るほどおる」

「た、たしかに」

「結論言うとな、犬が愛される要素は三つあるんや。それは、小さくて、丸くて、ちょっとバカや」

「小さくて、丸くて、ちょっとバカ？」

「んだ。この世の愛されているキャラクターは全部そうや。赤ん坊はどうや？」

「たしかに、小さくて……丸いし、ちょっとバカです」

「んだべ。くまモンは？　キティちゃんはどや。全部小さくて丸くてちょっとバカやろ」

「たしかに……はい」

「人は、完璧やから愛されるんちゃう。むしろ逆や。弱点をさらけ出すからこそ愛されるんや。わしら犬界もそうや。犬は人に迷惑かけることあるやろ？　でもな、それでも犬は許される。なんなら、こんな格言がある、『困ったら、おなかとちんちん見せとけ』ってな」

そう言うと、ハチ公は、ゴロンと横になり、おなかと臀部を僕に見せながら、足をバタバタさせてきた。

「こ、困ったら……お、お腹と、ち？　ち……ち？」

「ちんちんや!!」

「は、はい！」

「何を恥ずかしがっとんのや！　おめ」

「す、すみません‼」

僕は思わず謝ってしまった。それにしても凄い勢いで話す犬だ。ハチ公は続けた。

「これが、弱点をさらけ出すってことや。わかったか？」

「は、はい！」

ハチ公は「んだべな！」と言うと、クルッと元に戻り、続けた。

「ええか、学歴が良くて仕事のできる人間ほど、よーく勘違いする。強みで愛されるってな、だどもな、真実はむしろ逆や。弱みがあるからこそ人は愛されるんだべ。つまり、犬の才能は『愛される余白』や」

「愛される余白……？」


たしかに、思い当たる節があった。まさに、上納アンナだった。彼女は完璧じゃない。できないこともたくさんある。でもそれこそが彼女の魅力だった。助けたくなるのだ。だけど、それが才能となにか関係あるのだろうか？

「は、はぁ……それは理解します。でも、さっきから何の話をしているのか、よくわからないのですが」

「自分の心に聞いてけろ、それ」

「僕の心？」

「昨晩、悩んでいることがあったから、オラに相談してきたんちゃうん？」

僕は昨晩を思い出した。酔っ払った勢いだった。でも、悩んでいることがあった。

「たしかに。そうなんです。仕事で『悔しい』と思うことがあって……」

「人間が抱えるほとんどの悩みは一緒や。それは『自分のコントロールできないことを、無理やりコントロールしようとすること』から生まれている」

「コントロールできないもの？」

「たとえば、仕事で部下が言うことを聞かないとか、な。でも他人なんてそもそもコントロールできへん。あるいは、相手の気持ちをおろそかにして、無理やり話を進めようとする。自分の外見や家柄を理由に、できない理由を語る。悩みの根っこは、実はぜーんぶ同じだべ？」

同じ？　そうなのだろうか？　ハチ公は続けた。

「すべて『自分のコントロールできないこと』を、無理やりコントロールしようとしている。いわゆる、犬を池に連れて行くことはできても、水を飲ますことはできないってやつや」

「馬では……？」

小声で反論しつつも、僕は思い返していた。

「もっと自分はできるはず」「なんでこうなるのだろうか？」、そう思うとき、僕は自分がコントロールできないものを動かそうとしているのかもしれない。

ハチ公は続ける。

「じゃじゃーん。じゃあ、ここでクイズな。人間が一番コントロールしたがるけど、一番の悩みのもとになるものはなんや？」

「うーん、他人……ですか？」

「他人は二番目や。あのな、一番は『自分の才能』や。言い換えれば『ないものねだり』をすることや。つまり、人が一番思い悩む根本は、『自分の才能をコントロールしようとしたとき』なんや。思い当たる節ないか？」

思い当たる節はたくさんあった。

小さい頃からずっとそうだった。「もっとカッコよく生まれたら」「もっとお金持ちに生まれたら」「もっと器用だったら」「もっと賢かったら」「あと5センチだけ背が高ければ」。

何度となく繰り返してきた、悩みだった。

「だどもな、悲観することはないで。それは自分の才能に気づいてないだけやからな」

「自分の才能？」

「まず、そもそもやな。人の才能は3種類ある（図1）。君は、自分がどれに近い人間やと思う？」

**1．独創的な考えや着眼点を持ち、人々が思いつかないプロセスで物事を進められる人**

**2．論理的に物事を考え、システムや数字、秩序を大事にし、堅実に物事を進められる人**

**3．感情やその場の空気を敏感に読み、相手の反応を予測しながら動ける人**

「な、なんですか、これは？」

「つべこべ言わず、選ばんかい」

「うーん……三つ目ですかね。空気を読むのは得意だと思います」

図1：天才と秀才と凡人がいる

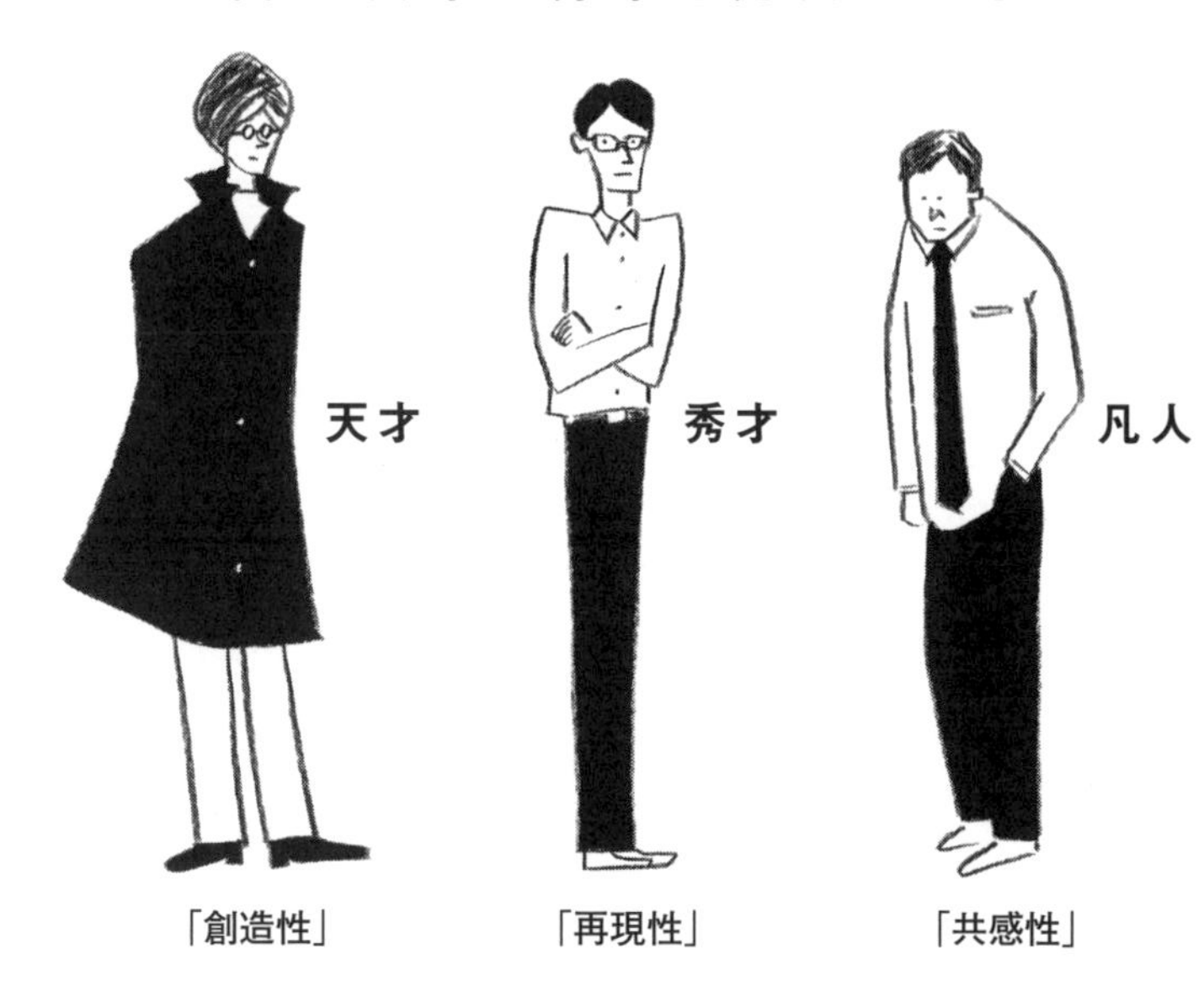


「あー、ほなら、君は凡人タイプやな、凡人」

「ぼ、凡人？」

「『共感性』を軸に物事を動かす人間ちゅうことや。ええか。これは順番に、創造性、再現性、共感性の三つの才能を表している。それぞれを順番に天才、秀才、凡人と分類しておこう。あんちゃは凡人や」

普通なら、怒るのかもしれない。でも僕は怒る気にならなかった。なぜなら、誰よりも自分自身がまさに凡人であることを痛感していたからだ。

「凡人……ですか」

「んだべ」

「たしかに……この三つなら、正直、僕は凡人かもしれません。でも、だからこそ悩みもあります」

僕は正直な気持ちを伝えた。

「やっぱり……心の底では天才に憧れる自分がいます」

「天才への憧れな、まぁ、気持ちはわからんでもない。でもな、天才って、そんなええもんちゃうで？　天才は変革の途中で凡人、君らに殺されることがあるからな」

「凡人が天才を殺すことがある……⁇」

「んだ」

## 凡人が天才を殺す理由

「ええか。たしかに世の中には、天才と呼ばれる人がいる。天才は、この世界を良くも悪くも、前進させることが多い。だどもな、彼らは変革の途中で、殺されることも多い。それは物理的な意味も、精神的な意味も含めてや」

「な、なぜですか？」

図2：「天才の時代」から「秀才の時代」へ

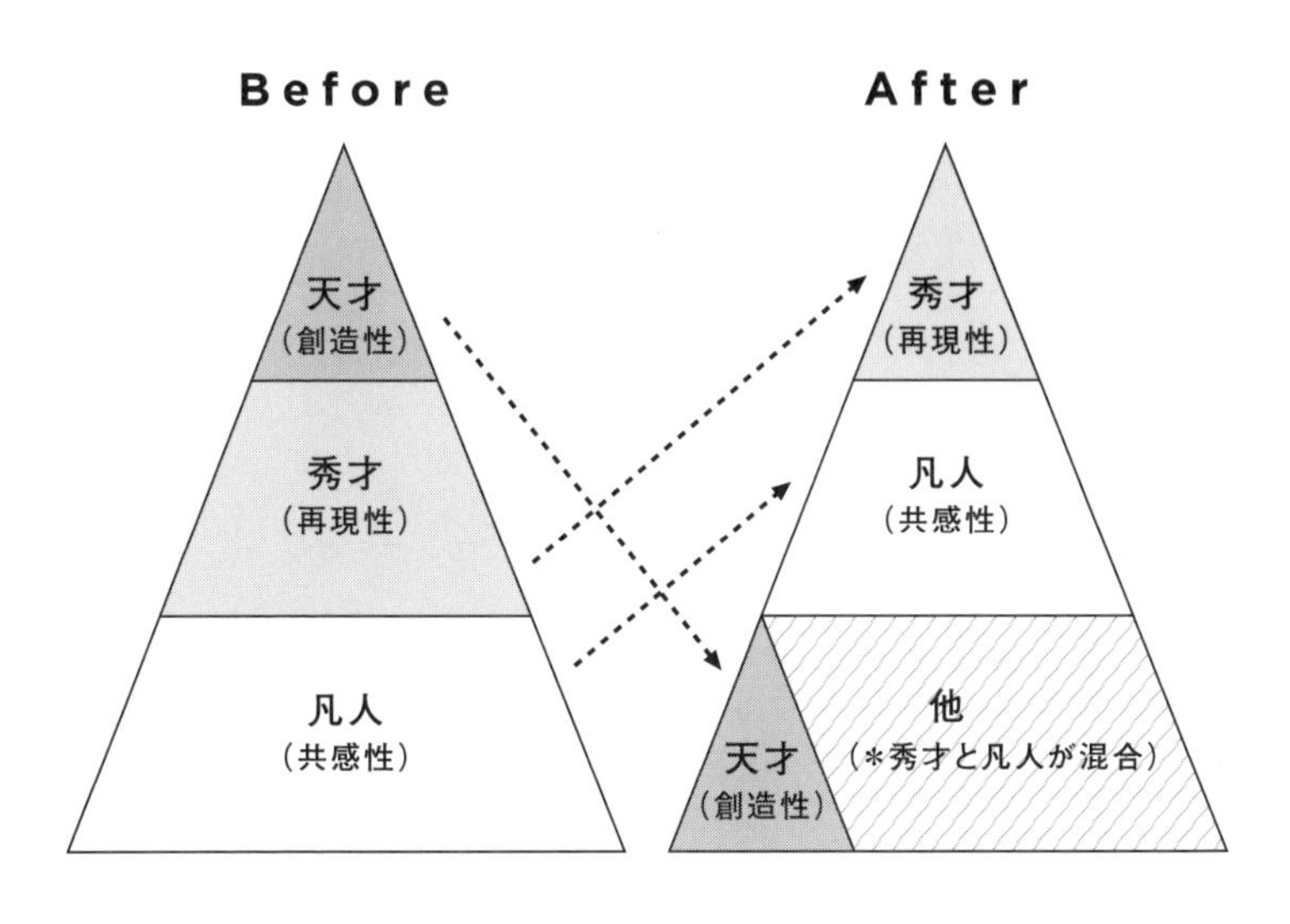


「その理由のほとんどは『コミュニケーションの断絶』によるものや。そんで、これは『大企業がイノベーションを起こせない理由』と同じ構造や」

僕の頭の中に？？？？が広がった。

なぜ、僕が天才を殺すのか。そしてなぜ、その理由が、企業がイノベーションを起こせない理由と同じなのか。

「ぜんぜん意味がわからないです」

「ええか、組織には天才が率いる時代がある。だども、その時代が終われば、次は秀才が率いる時代が来る。そのとき、組織は凡人が天才を管理する時代に突入する。そして、天才は死んで『イノベーション』を起こせなくなる。こういう構造なんや（図

2)。なして、こういう構造になるか、それを理解すること。これが才能を理解するすべてのスタートや」

## 天才・秀才・凡人の関係

そう言うと目の前の犬は、三つの箱を描いた（図3）。

「まず重要なのは、この三者の関係なんや。何がわかる？」

「天才から矢印が伸びています」

「んだ。まず、天才は秀才に対して『興味がない』。一方で、凡人に対しては意外にも『理解してほしい』と思っている」

「凡人に理解してほしい？」

僕は上納アンナを思い出した。彼女は「凡人」に理解を求めている、そういうことだろうか？

ハチ公は続ける。

「天才の役割とは、世界を前進させることや。そして、それは『凡人』の協力なしには成

図3：天才・秀才・凡人の関係

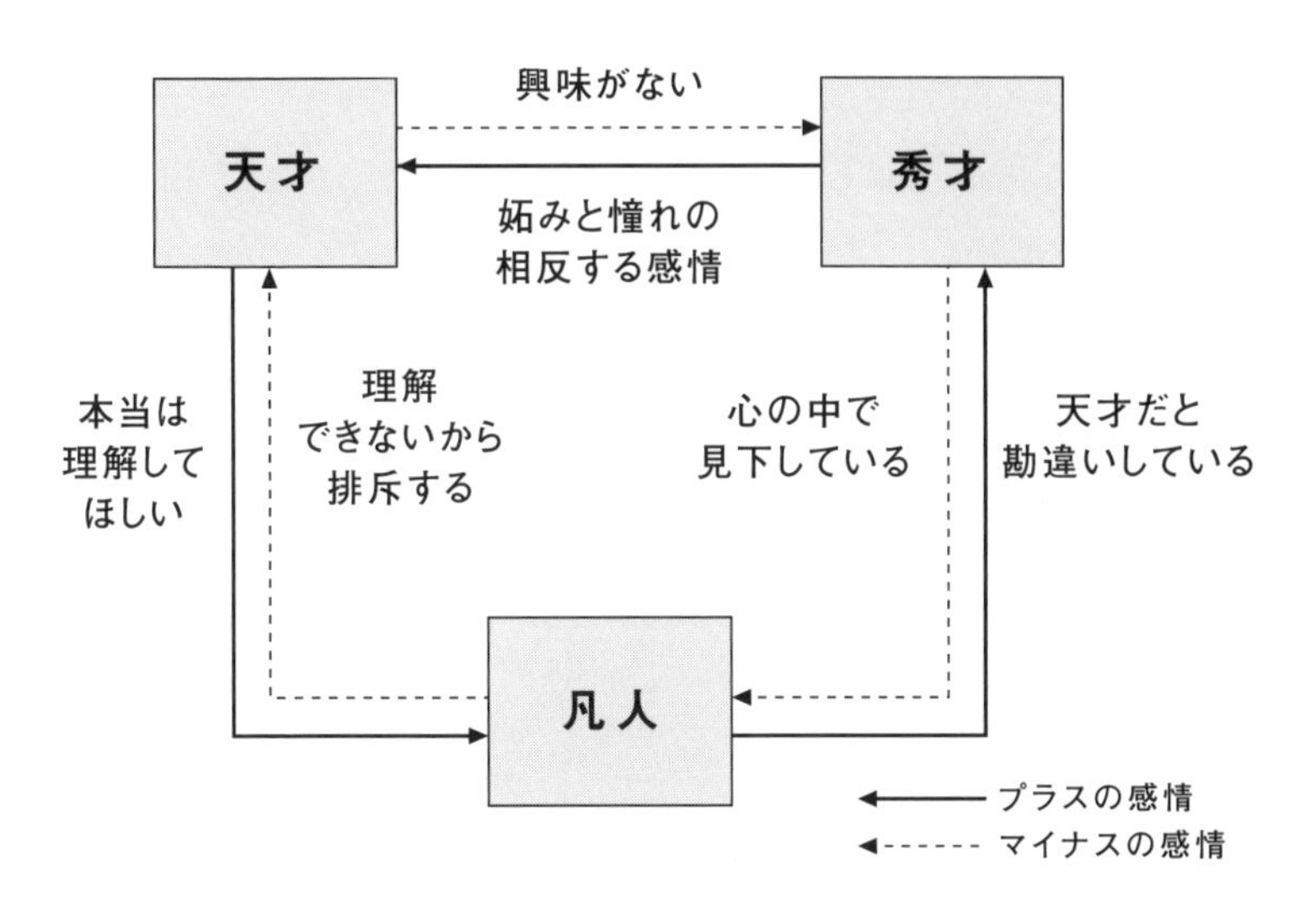


り立たん。ほんで『商業的な成功』のほとんどは、大多数を占める凡人が握っていることが多い。さらに言うと、幼少期から天才は凡人によって虐げられ、苛められてきたケースも多く、『理解されたい』という気持ちが根強く存在しているんや」

まさに、孤独な幼少期を送る天才……だろうか？

たしかに、アインシュタインにせよ、スティーブ・ジョブズにせよ、天才は多くの人から理解されなかった幼少期を送るイメージはある。

「反対に、凡人→天才への気持ちは、冷たいものや。凡人は、成果を出す前の天才を認知できないから、できるだけ排斥しようとする傾向にある。コミュニティの和を乱す異物に見えるんや。この『天才⇅凡人』の間にある、『コミュニケーションの断絶』こそが、天才を殺す要因だべ」

「コミュニケーションの断絶……つまり、話しても伝わらない、と」

「そもそもやけどな、コミュニケーションの断絶は『軸と評価』の二つで起こり得る」

**軸……その人が「価値」を判断する上で、前提となるもの。絶対的。**
**評価……軸に基づいて「Ｇｏｏｄ」や「Ｂａｄ」を評価すること。相対的。**

「例えば、君が、サッカーを好きだとしよか。友人はサッカーが嫌いだとしよう」

「は、はい」

「二人は喧嘩した。このときのコミュニケーションの断絶は『評価』によるものや。具体的には相手の考えに対して『共感できるかどうか』で決まる。『鹿島アントラーズが好きだ』という評価に共感できれば、Ｇｏｏｄであり、共感できないとＢａｄやで。わかるか？」

「うーん……なんとなく」

「あかんわ、君。シンプルに、野球が好きか嫌いか。それに共感できるかどうかみたいな話や。これはわかるやろ？」

「あ、なるほど」

「だけどな、この『評価』は変わることがある。例えば、二人は夜通し語り合い、君は『鹿島アントラーズ』の魅力をパワーポイントを使って説明したとしよう。友人はその話を聞いてとても共感したとしよう。この時、GoodとBadの『評価』が変わったわけや」

「なるほど。これが、『評価は変わる』ということですね」

「んだ。こうやって『Good or Badという評価』は相対的である一方で、『共感できるかどうかで、決めること』は絶対的なものや。『評価』は対話によって変わることがあるが、『軸』は変わることがない。したがって『軸が異なること』による、コミュニケーションの断絶は、とてつもなく『平行線に近いもの』になる」

考えたことがなかった。

ハチ公は続けた。

「そして、天才と秀才と凡人は、この『軸』が根本的に違うんだべ」

## 多数決は「天才を殺すナイフ」

「天才と秀才と凡人は、軸が違う？」

「んだ。天才は『創造性』という軸で、物事を評価する。対して、秀才は『再現性（≒論理性）』で、凡人は『共感性』で評価する（図4）」

「この三つ……さっき言っていた三択と同じです」

「より具体的に言うと、天才は『世界を良くするという意味で、創造的か』で評価をとる。一方で、凡人は『その人や考えに、共感できるか』で評価をとる。つまり、天才と凡人は『軸』が根本的に異なるんや」

「だから永遠に話が合わない……と」

「んだべ」

「でも、そんなの悲しすぎます。きっと話し合えばわかるはずです」

「甘いわ〜。話し合いですべて解決できるなら、なんで戦争はなくならへんねん。なんで学校のいじめはなくならへんねん。話し合えばすべて解決できるなんて大嘘や。ちゃうか？」

図4：天才と秀才と凡人の「軸」の違い

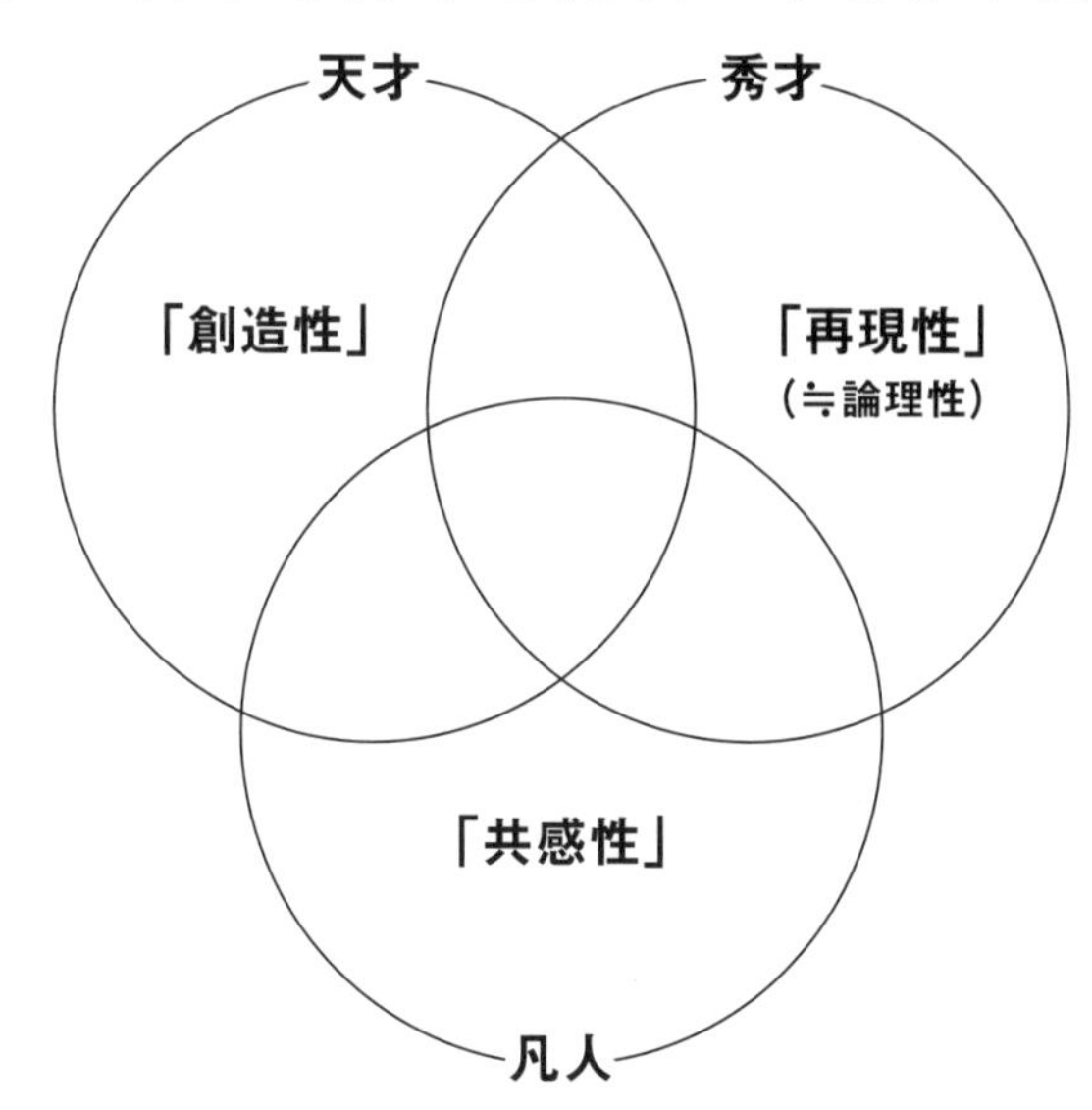


「うっ……」

「ほんで、本来であればこの『軸』に優劣はない。だが、問題は『人数の差』や。人間の数は、凡人＞＞＞＞＞＞＞天才。つまり、数百万倍近い差がある。だから、凡人がその気になれば、天才を殺すことはきわめて簡単や。歴史上の人物で、最もわかりやすい例は、イエス・キリストやろな。ビジネスでも同じや」

「ビジネスでも同じ？」

「職場にもおらんか？　あまりに才能豊かすぎて、逆に叩かれて潰される人が」

「たしかに。います」

「そうだべ。ビジネスの世界でもそう。ＡｉｒｂｎｂやＵｂｅｒ、ｉＭａｃ。なんでもそうや、革新的なサービスが一番最初に生まれたときは、常に『凡人によって殺されそう』になることがほとんどや。当たり前やな、凡人は成果を出す前の天才を理解できないから」

「でも、そんな簡単に天才が死ぬイメージってないんですが……」

「ちゃう。凡人には武器がある。天才を殺すことができるナイフを持っている。そのナイフの名は『多数決』なんや」

「多数決？」

「んだ。多数決こそ、天才を殺すナイフとなる」

僕にとっての天才は上納アンナだった。

彼女は今まさに、多数決によって殺されようとしている。

「そんで、実はこれ、大企業でイノベーションが起きない理由と同じだべ」

## 大企業でイノベーションが起きない理由

「ど、どういうことですか？」

「大企業でイノベーションが起きない理由ってのは、三つの『軸』を一つのKPIで測るからなんや」

？？？？？　僕の中でまた疑問が浮かんだ。

「昔ある男が、大企業の経営企画局員として『社内のイノベーションコンテスト』に関わっていたことがあった。彼はそのとき、強烈な違和感を覚えた。違和感の正体が、のちに起業するようになり、わかるようになった。それは革新的な事業というのは、既存のKPIでは『絶対に測れないもの』ということなんや（図5）」

「既存のKPIでは測れない？」

「んだ。たとえるならそれはアートのようなものや。すべての偉大なビジネスは『作って↓拡大させ↓金にする』というプロセスに乗るんやけど、それぞれに適したKPIは異なる。そのうち、『拡大』と『金にする』のフェーズのKPIは、わかりやすい」

ハチ公は続けた。

「拡大は『事業KPI』で見られるし、金を生むフェーズは『財務上のKPI』で測ることができる。経営学の発展によって、プロセスが十分に科学されてきた功績だべ。だどもな、問題は『創造性』や。言い換えれば『天才かどうか』を、測る指標がないことや」

図5：天才や創造性は既存のKPIでは測れない

| 項　目 | 創造性 | 再現性 | 共感性 |
| --- | --- | --- | --- |
| ビジネスにおけるバリューチェーン | 創造し | 拡大させ | 金にする |
| 担当するメインプレーヤー | 天才 | 秀才 | 凡人 |
| 価値を測るための指標 | ？？？（適切なKPIがない） | 事業KPI（CVR、LTV、訪問数、生産性などプロセスKPI） | 財務／会計KPI（PL、BSに載ることができるKPI） |

（注）CVR：顧客転換率、LTV：顧客生涯価値

「天才かどうかを、測る指標がない？」

「んだ。本当に創造的なものは、まだ見たことないようなものや。それは、はっきり言って〝定義なんてできない〟ものなんや。いや、正確に言うと、〝直接〟は定義できないものや」

僕はついていくので必死だった。

どういうことだろうか？

「たしかに創造性は、直接観測できへん。だども、社会からの『反発の量』で間接的に測ることができる（図6）」

「反発の量？」

「んだ。具体的には『共感性の世界に生きる人からの初期の反発』なんや。言い換えれば、おめみたいなやつが『殺そうとすれ

## 図6：創造性は反発の量で間接的に観測できる

社会からの「反発の量」を見れば
「創造性」をある程度予測することができる

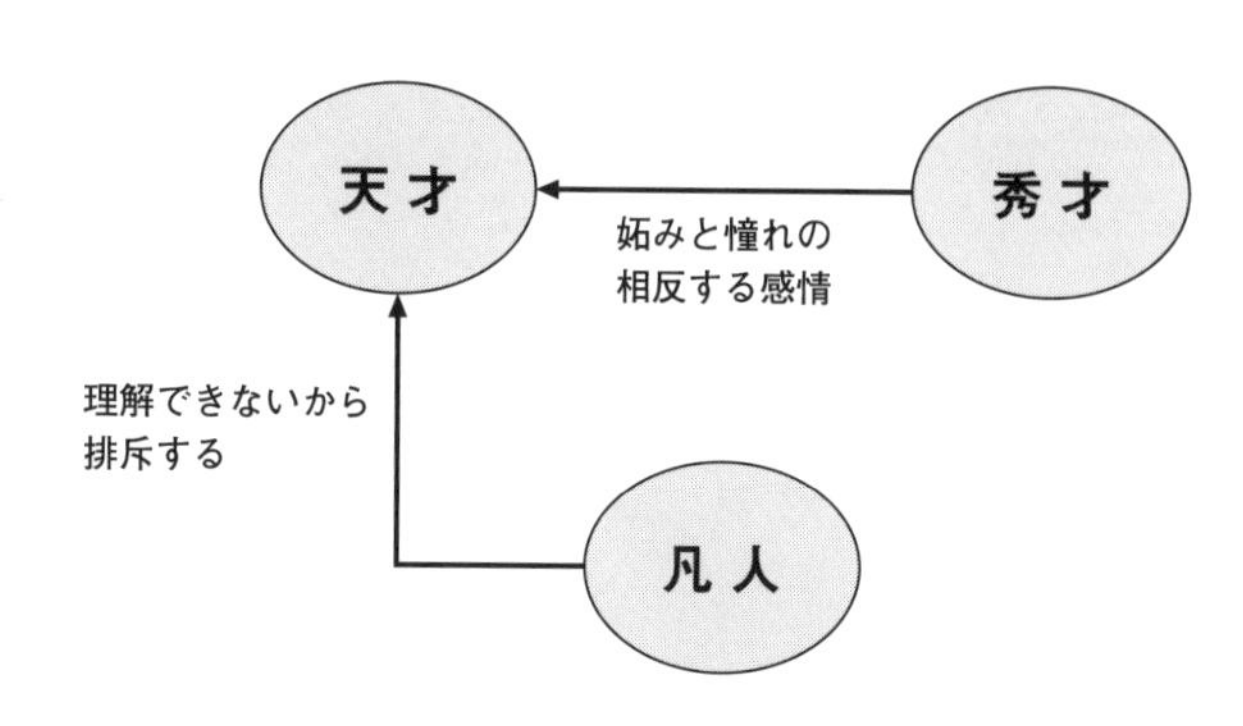


ばするほど』、それは創造性の裏返し、っちゅうことや」

「創造性は、間接的に観測できる……」

「んだべ。ＡｉｒｂｎｂやＵｂｅｒにせよ、リリースされたとき、社会から『強烈な反発』を受けた。あるいは、優れた芸術には、ある種の『恐さ』が必要と言われる。同じや」

「恐さが必要？」

「んだ。本来、企業は破壊的なイノベーションを起こすには『反発の量（と強さ）』をＫＰＩに置くべきやが、これは普通できへん。なぜなら、大企業は『多くの凡人（＝普通の人）によって支えられているビジネス』やから。反発の量をＫＰＩに置き、イノベーションを加速させることは、自分の会社を潰すリスクになる。これが、破壊的イノベーションの理論（クレイトン・M・クリステンセン）を人間力学から解説した構造やな」

「僕らが反発するから、イノベーションが起きない？」

「皮肉やな。天才経営者を殺すのは君みたいな凡人なんや」

「そ、そんな……少なくとも僕はそんなことないです」

「いや、あるんだな」

「し、失礼ですよ、ないです、いや、絶対に!!」

「わははは」

「何笑っているんですか!!　ふざけないでください！」

「ええやん、まさにその自分の反応こそが、この理論が『創造的』である証拠なんや」

「からかわないでください。真剣なんですよ！」

「この話、凡人が天才を殺す理由という話は、はっきり言って初めて聞いたときには、にわかには信じられない。そりゃそうや。だって『聞いたことない話』やからや。それに、なんでかわかるか？　凡人は、天才が大好きでもあるからや」

「ぼ、凡人は天才が大好き？」

「んだ」

「さっきは凡人が天才を殺す、とか言っていました。グチャグチャですよ。何言ってるんですか」

僕はムカついてきた。次第に。

「ええか。凡人はオセロや。オセロゲーム。凡人ってのは、成果を出す前の天才にはホンマに冷酷や。恐ろしく冷たい。だども、成果を出した途端、手のひらを返す。すごい！　すごい！　天才！　って言い出す。やけどな、この反応こそが天才を二度殺すんだべ」

「二度殺す……？」

「ええか、時代は変わる。時代が変わるとは、ルールが変わるということや。そして、天才も、ゲームのルールが変われば、失敗をする。間違える。すると、途端に凡人は意見を変える。あいつは終わった、とな。さっきまで手放しで褒めていた凡人が、急に態度を変える様子を見て、天才はさらに孤独を深める」

「孤独を深める……？」

「天才は思う。あぁ、やっぱり自分は世界に理解されないんだな、と。このとき天才の頭によぎるのは『自殺』や。文学の天才、芸能の天才、ビジネスの天才でも、成功した後に死を選ぶ天才がいるやろ」

「じ、自殺……？」

「天才は二度殺される。一度は成果を出す前に。もう一度は成果を出した後に」

信じたくない、そう思った。

でも、わかるような気もした。

何者でもない時代から、僕は上納アンナを見てきた。彼女は成功した。すると、世の中は彼女を「天才」と称した。だが時代は変わり、彼女は今、成果を出せなくなった。

するとどうだろう？

この前まで「社長！　社長！」と言っていた多くの従業員が、手のひらを返しはじめた。

それを見て、僕は怒りを感じていた。

「天才が自殺……想像するだけで胸が痛くなります」

僕はさっきまでの怒りが急激にしぼんでいくのを感じた。

「あら、さっきまでの勢いはどうした？　あんちゃ」

「……僕みたいな凡人こそ天才を殺す、そう言われたときはピンときませんでした。ムカつきました。でも、たしかに言われてみれば、手のひらを返す、そうやって天才を苦しめてきたのは僕たちなのかもしれません」

「わはは、そやろな。まさにこれが『共感性』を軸に生きる人の弱さでもあり、魅力でもある。つまり、Good or Badの評価は変わりやすい。まさに今、『オセロの石がひっくり返る瞬間』を体感しているわけや」

「……なるほど……」

「話を戻そう。とにかく『創造性』は、直接観測することができない。そもそも、創造的なものとは、既存の枠組みに当てはまらないため、フレームが存在しないからな」

僕は唾を飲み込んだ。

「でも、でも……そうしたら天才を救う方法はない。こうならないですか？　悲しすぎます、そんなの。だって天才が殺される。それを、指をくわえて見ているしかないのでしょうか？」

「いや、ある」

「だったら教えてください!!」

「これが、まさに『天才・秀才・凡人の才能論』だべ」

※　　　※　　　※

この犬、只者じゃないかも知れない。

僕は不思議な感情を覚えていた。

発言は鼻につくかもしれない。でも鋭い考察は聞いたことがない話ばかりだ。ハチ公は続けた。

「ええか。『天才・秀才・凡人の才能論』は簡単にマスターできるもんちゃう。ステージが三つある。今日はステージ1の初歩。これだけ覚えとき」


**創造性は、〝間接的〟には観測することができる。**

**それが凡人の「反発の量」である。**


「だからこそ、〝一見すると反対したくなるもの〟ほど、創造的なものが眠っているかもしれない」

「だとしたら……どうすればいいんですか？　どう天才を守ればいいのですか？」

僕は答えを早く知りたかった。

「まあ、焦らんとき。答えはいずれわかる。そんなことより、飯あるか？　腹減ったべ」

そう言うと、ハチ公はドッグフードをおねだりしてきた。しぶしぶ買い出しに行くと決めた僕は、聞いた。

「ところで……あなたの、お名前はなんて言うんですか？」

「オラか？　オラの名前はケンや。犬やからな」

ケン……この謎のしゃべる犬。いったい彼はなにをもたらすのか。僕には全くわからなかった。

でも、もしこの犬の言うことが真実なら、それは、今のプロジェクトが失敗したら、上納アンナには暗い未来が待っているってことじゃないか？

それだけは絶対に、絶対に、阻止しなければならない。

## 紛糾する経営会議

オフィス。その日の経営会議は紛糾していた。社長である上納アンナはこう言った。

「私はこの事業を続けたい」

黒いタートルネックは、身体のラインの美しさを強調していた。

すかさずＣＦＯの神咲秀一が反論する。

「社長。ですが、この事業は毎年3億円もの赤字。それに今期は、主要ＫＰＩもすべて達成できていない。このままでは投資家に説明がつかないですよ」

神咲は国内最難関の大学を卒業し、ハーバード大学で修士を取り、米系投資銀行出身のザ・エリートだ。トレードマークとなっている短髪と、彫りの深い顔立ちは、帰国子女の香りがする。

アンナは折れない。続けた。

「私にとって投資家なんてどうでもいい。一番重要なのは、お客さんがどれぐらい熱中しているか、だ。それにきっと長い目で見たら投資家の人もわかってくれるはずだ」

ＣＥＯ上納アンナと、ＣＦＯ神咲秀一。

この二人はまさに直感派と理論派。経営会議に挙がるレベルのテーマでは、議論はいつも対立する。

アンナが譲らなければ、神咲も譲らない。神咲は続けた。

「しかし、今期に入り、すでに利益の下方修正。それに先日、週刊誌に載った、社長自らの発言により、株価は年初から10％も下落しています。既存事業も苦しい中、今、新しい投資なんてするべきではない。これは経営のセオリーからすると当然ですよ」

「いや、違う」

「はあ？　何が違うんです？」

「違うんだ、神咲。こういう苦しいときこそ、投資を続けないといけない。会社には必ず波がある。株価が下がった程度で新しいことを止めたら、それこそ会社は終わる」

実際、CANNAのようなテクノロジーカンパニーは、「未来への期待値」で株価が大きく変動する。5年前に上場してから最初の2年の株価は、この「未来への期待値」で高い評価を得ていた。しかし、ここ数年は様子が変わってきている。

神咲秀一が続ける。

「背に腹は代えられませんよ、アンナさん。このまま行くと、3年待たずにキャッシュが底をつく。これまでは上納アンナの神通力で市場に優遇されてきた。だが、今はその神通力が落ちている。メインバンクからの追加融資も難しい中、このままでは本当に倒産しますよ」

「だから、それは私がなんとかする」

はぁ……。どこからか、ため息が聞こえた。そのため息には、「またかよ」「そろそろ現実見ろよ」という意味が含まれていたのかもしれない。

それもそのはずだった。

かつては、天才起業家と呼ばれた上納アンナだったが、ここ3年、連続で事業に失敗していた。

3年前に立ち上げた新規事業は、わずか1年で数億円の赤字を出し、撤退。続いて立ち上げた事業も、鳴かず飛ばず。赤字を垂れ流す状態だった。そしてそのたびにアンナは、「私がなんとかする」と言ってきたのだった。

だが、現実はなんとかなっていない。

したがって彼女の「なんとかする」という言葉は、信頼のデフレを起こしていたのだ。これは神咲秀一に対してだけではなかった。

かつてはアンナを慕っていた上層部の多くも、今は彼女の才能に懐疑的になっていたのだった。

だが、事実、二人の意見はどちらも完全には間違っていない。神咲の言う通り、会社は今苦しい。まず立て直すべきは既存事業かもしれない。一方で、これまで新規事業はすべて社長である上納アンナの一本足打法で戦ってきた。

この会社で、もしアンナが新しいことを止めたとしたら、新規事業は止まる。つまり、エンジンが止まるのだ。

「どちらの話にも一理ある」

少なくとも、経営会議のメンバーはそう感じていた。そして、上納アンナがもし失脚した場合、次に社長になるのは神咲だ。

だから、誰もが保身を賭け、どっちつかずなのだ。スタンスを取った発言をしないのだ。企業が停滞しはじめるとき、事業のあるべき姿ではなく、組織の政治に目が向かう。

長い沈黙が続いたあと、折衷派の岩崎取締役はこう言った。

「では、明確な期限を決めるのはどうでしょう?」

「明確な期限?」

「そうです、2年以内に黒字化できなければ、完全撤退。これでどうでしょう」

神咲が、すかさず修正する。

「2年は長すぎる。1年。これが限界だ」

1年で黒字化? そんなことができるのだろうか?

皆がアンナのほうを見ている。彼女は大きく深呼吸をしたあと、一言だけ言った。

「わかった。そうしよう」

すかさず、他の役員が続く。

「でも、もし、うまくいかなかったらどうするんです? なんて投資家に説明するんですか? これだけ経営会議で反対されて、リスクもあるのにやって……」

神咲秀一に目配せを送る。おそらく、彼への忖度だろう。

だが、神咲は反応しない。手を組み、なにも答えず、じっと前を見つめている。

上納アンナは目をつぶっている。

そして言葉を吐いた。

「そのときは、私の進退も考える」

皆がわずかにざわついた。岩崎取締役が言う。

「ほ、本気ですか?」

「あぁ、私の覚悟だ。必ず復活させてみせる」

つまり、これが彼女のラストチャンスになる、こういうことだった。

## 天才が会社を去るとき。アンナの覚悟

「私の覚悟」

経営会議を会議室の後ろで聞いていた僕は、その言葉に含まれた意味を考えざるを得なかった。足が動いた。

「アンナさん」

会議の後、僕は上納アンナに声をかけた。

創業期メンバーの特権だろうか？　僕はカジュアルに社長に話しかけることができる。

「どうした？」

「今回もし失敗したら、社長の座を退こうと思っている……それは、やっぱり本気なんですか？」

「もちろん、本気だよ」

「でもいいんですか？」

僕は続けた。

「だって、この会社はアンナさんがつくった会社ですよ……本当にいいんですか？」

彼女は、6秒黙り、こう言った。

「いいわけないだろ……」

え？　僕は耳を疑った。10年の付き合いの中でも、こんな姿、見たことがない。そう思えるぐらい、初めて聞く語気の弱さだった。彼女は続けた。

「この15年、すべてをかけてつくってきた会社を手放す。それが悔しくないと思うか？」

人生のすべてをかけてきた会社を手放すこと。その断腸の思いはビジネスに携わる者なら誰でも理解できる。彼女は言った。

「でもな、私はこの2年ずっと考えてきた。そしてようやく思えるようになった。この会社は今、次のフェーズに進もうとしているのかもしれない、と」

「『次のフェーズ』……？」

「今の会社は、私みたいな経営者を求めていない。むしろ、神咲のような堅実な経営者を求めている。これは会社が次のフェーズに行こうとしているということかもしれない、と思うことがある」

そう言うと、彼女の目が一瞬潤んだように見えた。圧倒的な才能を持ち、自分への確信が揺らいだことのなかったアンナが、初めて自身の才能を疑いはじめている。僕にはそう見えた。

発したい言葉は山ほどあった、でも言えなかった。

「だけどな、青野、お前は残れ」

「え?」

「もしそうなってもお前は会社に残るんだ。それだけは私から役員に確約させる」

「……え」

「青野、お前だけは最初から最後まで、私のことをずっと信じてくれた。だからなにがあってもお前だけはクビにはさせない。絶対に」

「でも……」

「でも、じゃない。この約束は必ず守る」

「……」

「わかったな?」

違う、違かった。

僕が今の会社にいるのは、社長がいるからだ、だから、あなたのいない会社なんている必要がない。そう言えたらよかった。でも、僕には伝える勇気がなかった。

僕は下を向いた。

「おい、無視するな。わかったな?」

「……はい」

僕はアンナを見た。

できる限り、いつもの表情で言った。

「ありがとうございます」

アンナは笑顔に変わり、「よし」とだけ言い、去った。

アンナのいない会社……? 想像できない。それぐらい僕は彼女の才能に惚れ込んでいたのだ。

## アンナとの出会い

ちょうど10年前。桜の花が満開の日、僕は7年通った大学を中退し、CANNAに就職することに決めた。

当時の彼女は、全くの無名だった。たまたま、演劇仲間のギークな友人から「ネット上で、イギリス帰りの美人クリエイターが、変わった動画を作っているらしい」と聞き、なんとなく調べてみた。で、驚いた。

それは「変わった動画」なんて次元のものではなかったからだ。人間の身体性を超えたこれまで見たことのないアートだった。当時、就職活動をしていても、ピンとくる会社が全くなかった僕は、すぐに彼女の会社を訪れた。

しばらくは「給与」なんてあるようでないものだった。それでも仕事は楽しくて、あの選択を後悔したことは一度たりともなかった。彼女が輝くためならどんな仕事でもやった。だからこそ、「アンナのいない会社」なんて考えられなかった。

## アートとサイエンス、説明能力の違い

「あー、そりゃアカウンタビリティの差やな」

家に帰ると、ケンは、ポリポリお腹をかきながら答えた。部屋はぐちゃぐちゃに散らかっている。僕の家は1Kの18平米。はっきり言って犬を飼えるようなスペースはない。

部屋の中にあるテレビでは、渋谷のハチ公が突如消えたことがニュースになっている。何者かによって盗まれたのではないか？　と話題らしい。その話題の犬が、目の前にいる。

僕は会社で見たことを一通り説明した。それに対するケンの答えが意味不明で、僕は聞き返した。

「あ、アカウンタビリティ？」

「んだ。『説明能力の差』っちゅうやつだべ。経営はアートとサイエンスとクラフトの組み合わせやって言うやろ？」

「え？　なんですか？」

「おめ、ホンマなんも知らんな。めっちゃ有名な言葉やで。つまり、芸術と、科学と、モノづくり、この三つが重なって初めて『強い経営』はできる。メモっとき」

僕はとりあえず、そこら辺にある紙にメモした。

**経営はアートとサイエンスとクラフトである。**

ケンは続けた。

図7：説明能力の違い

| | 説明能力 |
|---|---|
| アート | 低い |
| サイエンス | 高い |

「これは本当その通りや。でも最大の問題は、サイエンスとアートの説明能力の差、なんや」

「説明能力の差……？」

「んだ。これは〝どれぐらい他者にその価値を説明できるか〟に違いがある、ということ。たとえば、新しいものをつくる。新しいものを表現する。そこにはどうしても説明できへんことがあるやろ？」

「は、はい。創造性は直接測れない、と習いました」

「一方で、利益や売上は説明できる。いくら儲かったとか、数字が出てるからな。まず大事なのは、才能は種類によって『説明能力』に差があることを認識することや。これが才能を理解する上で重要なんやな」

「才能には説明能力に差がある……」

「んだ。アートとサイエンスがわかりやすい。経営においてアートとサイエンスは両方大事や。だども、この二つをぶつけたらあかん。なんでかというと、必ずサイエンスが勝ってしまうからや。サイエンスは証明できる。説明能力が高い。一方でアートは証明できへん部分がかなり多い。つまり、説明能力が低い（図7）」

「な、なんとなくはわかります」

「これは、天才と秀才の関係と同じや。両者がもしディベートしたら、絶対に秀才が勝つ。なぜなら、再現性は才能の中で一番『説明能力』が高いからや」

上納アンナと神咲秀一。この二人の関係もまさにそうだろうか？

「たしかに……」

「だからな、アートとサイエンスは『同じ土俵で戦わせてはいけない』んや。具体的には、どちらがいいか？　という軸でぶつけたらあかん。サイエンスが１００％勝ってしまうからな」

「じゃあどうすればいいんですか？」

「もっと重要な問いである、『その目的を達成するために、アートが果たすべき領域と、サイエンスが果たすべき領域はどこなのか？』の仕訳なんや。具体的には、アートはあるべき姿を照らすもの、サイエンスは現状を見つめるフラスコ、そしてクラフトはその両者の溝を埋めるシャベルや。つまり、理論としての経営とは、本来、この役割を理解して進めるものなんやな」

**アートとサイエンスは説明能力に差があるため、直接ディベートさせてはいけない。**

そんなことは考えたことがなかった。ケンは続けた。

## 共感性は強いけれど危うい

「ほんで、もう一つの才能『共感性』が、実は一番やっかいや。今の世の中は『共感されるものが強い』と聞いたことないか？」

「たしかに、SNSでは共感が一番重要と言われます。共感されるコンテンツが強いって」

「んだべ。たとえば、スーパーモデルよりも、もうちょっと身近で親近感の湧くアイドルのほうが世の中を動かせるってな。だから、『共感されるものは強い』と。でも、それな、実は大嘘でもあるんだべ」

「大嘘？」

「んだ。正確には『共感されるものは強い』。でも『共感による意思決定は危うい』からや。そやから、組織の意思決定に『共感性』を入れるのはかなり慎重にしたほうがいい」

「共感性で意思決定してはいけない……？」

「ええか、共感性は多数決の世界や。つまり、皆がいいと言っているものがいいし、悪いと言っているものは悪い。こういう世界や。思い当たる節がないか？」

たしかにこれまで、会社や学校で空気感によって評価が決まる光景を、嫌というほど見てきた。

「あります……」

「そもそも、説明能力というのは、行き着くところ、目的に基づいた論理と、多数決しかないんや。誰かが新しいことをやったり、組織が新しいことを始めるとき、『なぜ、それをするんですか？』という質問が出ることがある。これに筋を通すには、本質的に二つの方法論しかない」

「二つ？」

「んだ。一つ目が、いわゆる『理屈』。なぜ、いいかを説明すること。再現性の世界や。

これは勉強してきた秀才が得意や。もう一つが『共感』や。『皆がやっているからやる』や。いわゆる、流行りに乗っかるというやつやな。これは皆の気持ちがわかる、凡人が得意や。そして、流行っていること、それ自体が、実は説明能力が高いんや」

……どういうことだろうか？

「わかりやすく言うと、『皆がいいと信じていること』というのは、実はそれだけで破壊的なパワーがある。そして、半分ぐらいは、そこに理屈は実はないんや。つまり『よくよく考えると、理屈はないけど、皆が信じているもの』には極めて強いパワーがあるってことや」

「でも、理屈はないけど、流行っている。そんなことってあるんですか？　すべてのヒット作には理屈があるような気がするのですが」

「ちゃう。そうやな、わかりやすいのは、ジャンケンやろな」

「じゃ、ジャンケン⁇　グー、チョキ、パーの？」

「んだ。ジャンケンって不思議やないか？」

「なんでですか？」

「幼稚園児から、お年寄りまで全員知っている。皆が参加できる。だども、なんでグーよりパーが強いのか。パーよりチョキが強いのか。それは単純に〝ルールで決められていて、そのルールを皆が知っているから〟というのが大きい。いちいち説明する必要がないからな」

「たしかに。だからこそ、とても〝楽〟です」

「んだ。これが共感性のすごさなんや。一度広がった『当然のもの』は、破壊的に広がっていく。これは、ビジネスも同じや。1000万人が知っている。使っている。それはな、それだけで凄まじい価値があるんや。ただ、これが、天才や特に秀才は、気にくわないんや。ロジックがないように見えるからな」

「……共感性だけで決められたものはロジックがないこともある」

「これが『空気感』の正体や。つまり、空気感というのは、『皆が知っていること』から来る影響力や。そしてこの『空気感』は、組織や国を殺すことさえある」

「空気感が組織を殺す？」

「イメージで言うと、官僚vs.国民。エリートvs.一般市民の戦いやな。エリートからすると『正しい政策』を言ったとしても、一般市民の感情を一度逆なでをすると、数で負ける。なぜなら、『多くの人が信じている』ということだけでパワーがあるからな」

たしかに、どれだけ正論を言っても、一度世論から反対されると、その流れは止まらない。そんなことはよくあるのだろう。

「そんで、これが秀才と凡人が戦う理由やな、大体。なんでかというと、自分は頭がいいと勘違いしている人ほど、『皆がいいと言っているもの』にケチをつけようとするんや」

「どういうことですか？」

「たしかに世の中には『売れているけど、全然あかんもの』も存在する。この事実は、特に秀才には信じがたい。理解できない。ストレートに言うと、アホな人たちが騙されているように見えるんや。秀才はな、こういうのがいっちゃん嫌いや。でもな、何度も言うけどこれは違う。売れているものは、売れているというだけで、その価値を証明できているんや」

〝皆が信じていること〟。それはそれだけで価値がある。貨幣もまさにそうだろうか。

## 天才は見えないものが見える

ケンは続けた。

図8：天才・秀才・凡人を分ける1本の線

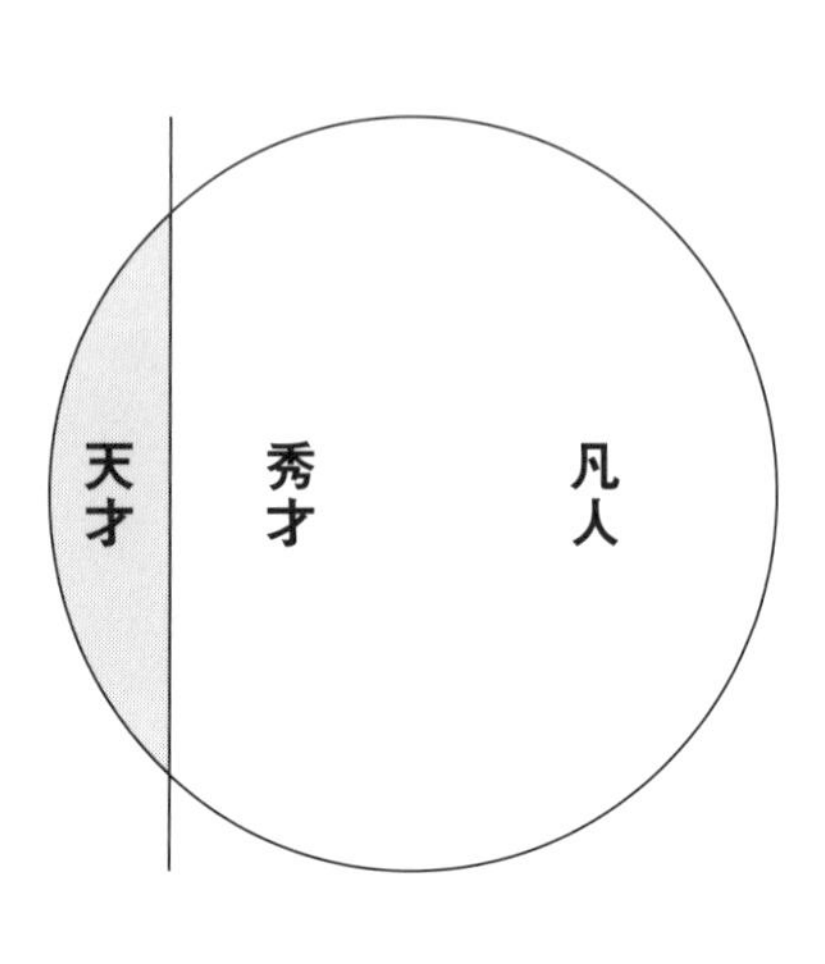


「ところで、おめ、幽霊は見たことあるか？」

「ゆ、ゆうれい……？」

「んだ。幽霊だべ」

「ないです。しゃべる犬なら……」

「そりゃオラや。ええか、おめ、この前『天才に憧れている』って言ってたやろ」

「は、はい」

「こう思ったことないか？『一度でいいので天才になってみたい』って」

「あ、あります……」

「だべ。天才の見る世界、理解してみたいと思うやろ。それが『幽霊のアナロジー』や。オラがどうしても天才の世界観を知りたい、という人に天才の世界観を伝えるときにする話や」

「は、はあ……？」

「ええか、まず、ここに大きな円があったとしよう。その円をピシッと分ける線が入っている（図8）。このとき、線の左側は、天才の世界。右側は、秀才と凡人の世界。この二つは完全に分かれていて、交わることは残念ながら、ないんや。見えないものは見えないし、見える人には見える。たとえるなら、幽霊や」

「幽霊……まだわかりません」

「いいか、もし、おめが幽霊が見える側やとしよう。おめだけが見えている。他の人には見えてない。そんで『あそこに幽霊がいるぞ！』って言ったとしよう。周りはどう反応すると思う？」

「うーん、どこに？　嘘つくな！　となると思います」

「だべ。でも、おめにはホンマに見えている。幽霊見えるんや。嘘つき呼ばわりされてんけどな。悔しい。どうする？」

「何度も伝えます。手を替え、品を替え」

「んだべ。幽霊があのビルの前にいます！　白くて、足がなくて、宙に浮いているやつ！　あれが幽霊です！　って説明しようとするやろ」

「たしかに」

「まさにこれが『天才の世界観』なんや。つまり、天才の見える世界というのは『描写はできるけど、実態を見せることはできない』ということや」

描写はできても、実態は見せられない……。

「いいか、のちに偉大なことを成し遂げる起業家も、最初は必ずバカにされる。アホやって笑われる。でも、それでも彼らは決して諦めない。なぜかわかるか？」

「いえ……」

ケンは続けた。

「それはな、彼らには『他の人には見えない真実』が見えているからや。たとえるなら、天才には他の人には見えない幽霊が見えているんや」

「他の人には見えない真実……」

「んだ。おめにも、思い当たることないか？」

僕が思い出すのはまさに、上納アンナのことだった。彼女の才能に惚れ込んだのはそうだ。彼女には「僕には見えない世界」が見えていると感じたからだ。

「なるほど……だから『幽霊』だと。少し理解してきました」

「それでな、やっぱこのときボトルネックになっているのが、創造性の〝説明能力の弱さ〟

なんや。再現性は科学の世界やから『論理的』に説明できる。共感性は多数決の世界やからこれも『数』で説明できる。でも、創造性だけは無理なんやな」

「なるほど。だから、反発の量をＫＰＩにすべき。こういう話でしたよね」

「んだべ」

僕はあれから、そのことを考えていた。そして一つ疑問が湧いていた。

「でも、それだと、『本当にダメなもの』と区別がつかなくないですか？」

「おお！」

「だって、会社にも『本当にダメな人』がいます。彼らも反発に合っています。でも『反発の量を会社全体のＫＰＩにする』と、本当にダメなものと天才が区別できないような気がするんです」

「んだんだ！　その通りだべ！　いい質問や！　その二つを見極める方法がある。それはな『広くて浅い反発』と『狭くて深い支持』の割合なんや」

広くて浅い反発と、狭くて深い支持⁇　一体どういうことだろうか……。

## 広くて浅い反発vs.狭くて深い支持

「んだ。世の中には『浅い反発』というのがある。『なんとなく嫌い』とか、な。一方で、『深い支持』もある。そして、『広くて浅い反発』と『狭くて深い支持』の割合でそれが本物のイノベーションなのかどうか、がわかる。イメージで言うと、8：2から、9：1やろうな。この割合によって、どれぐらい『創造的なものか』のレベルが推測できるわけやな（図9）」

ケンはこう説明してくれた。

**広くて浅い反発 vs. 狭くて深い支持**

9:1〜8:2　業界を覆すような破壊的なイノベーション
7:3〜5:5　多くの人に使われるサービス
4:6〜2:8　既存プロダクトの改善になりえる

図9：広くて浅い反発Ⓐ vs. 狭くて深い支持Ⓑ

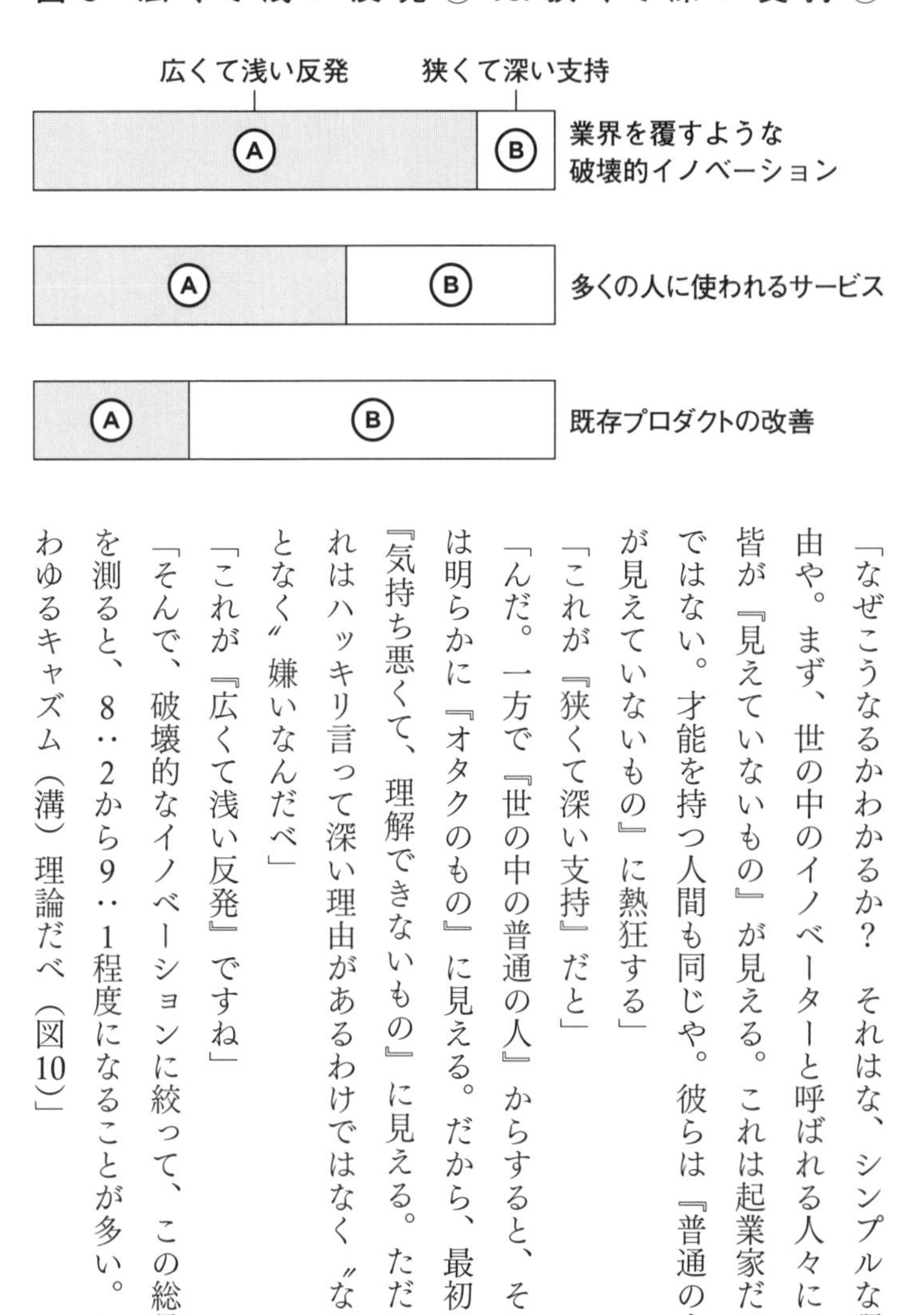


「なぜこうなるかわかるか？　それはな、シンプルな理由や。まず、世の中のイノベーターと呼ばれる人々には皆が『見えていないもの』が見える。これは起業家だけではない。才能を持つ人間も同じや。彼らは『普通の人が見えていないもの』に熱狂する」

「これが『狭くて深い支持』だと」

「んだ。一方で『世の中の普通の人』からすると、それは明らかに『オタクのもの』に見える。だから、最初は『気持ち悪くて、理解できないもの』に見える。ただそれはハッキリ言って深い理由があるわけではなく〝なんとなく〟嫌いなんだべ」

「これが『広くて浅い反発』ですね」

「そんで、破壊的なイノベーションに絞って、この総量を測ると、8：2から9：1程度になることが多い。いわゆるキャズム（溝）理論だべ（図10）」

## 図10：キャズム理論

**アーリーアダプター市場とアーリーマジョリティ市場の間の"深い溝"**

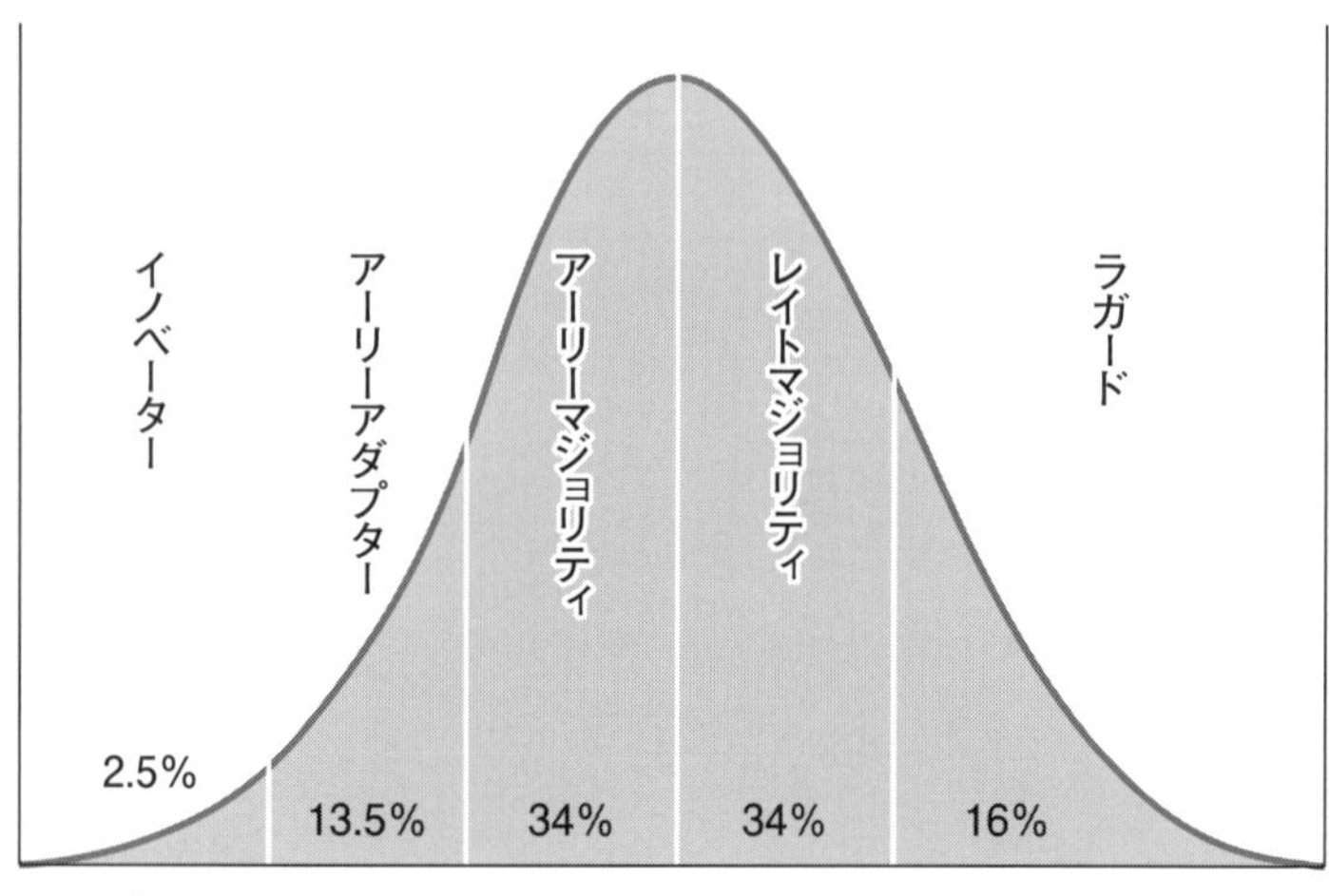


（出所）『キャズム——ハイテクをブレイクさせる「超」マーケティング理論』（翔泳社）

「なるほど……これは本当にビジネスの世界でも言われていることなんですか？」

「んだべ。現にオラと仲良い、ある伝説のベンチャー投資家はこう言ってた。『皆が良いと思うものはだいたい良いが、皆が悪いということもだいたい悪い。しかし、〝意見が割れるところ〟には、いわゆるビッグサクセスなり、突破口というものが存在している』と」

「意見が割れるところに、大きな成功がある……」

「んだ。そして、この言葉の解像度をさらに上げると、反発と賛成には必ず『量と質』がある。具体的には凡人による反発がわかりやすい。共感性の難しさはな、一見するとめちゃくちゃ反発しているように見えることや。なぜなら『数』で証明しようしているからな。だども、実際は『その反発の量』は、見た目よりたいして大きくない。なんでかというと、秀才の反発と違い、『根拠』が弱いからや」

「共感性はオセロだからひっくり返りやすい……」

「んだべ。たとえば、これも政治家への反発がわかりやすい。ここに、嫌われている政治家がいたとする。国民一人ひとりに話を聞いてみる。あなたはなぜこの人が嫌いなんですか？　どういう事実を知っていますか？　と。だが、その理由を聞くと、大体がなんとなく、嘘くさそうとか、周りが言っていたからとか、メディアが言っていたからとかばっかりや」

「なるほど」

「反対に『好きな政治家』も同じじゃや。1回会ったことがあるからとか、話し方が好印象だからとか、そんなレベルや。つまり、共感性による反発は浅い。オセロなんや。これが『広くて浅い反発』という理由の一つや。意外とひっくり返しやすい」

狭くて深い支持と、広くて浅い反発。

僕はメモした。

「ええか、そしてこれが『経営の意思決定に共感性を軸にしてはいけない理由』なんや。これを理解するには映画『アラジン』を知るのが一番や」

「あ、アラジン……？」

## 共感を軸にした判断は「愚民政治」を招く

ケンは続けた。

「おめ、『アラジンくん』って知っとるか？」

「アラジンって、あのディズニーのですか？」

「んだ。あれはもともとオラが原作なんやけど、映画作るときも脚本のアドバイスしてやったんや」

「は、はぁ……」

僕はどこまでが本当かわからないまま、話を聞いた。

「アラジンのストーリーには『共感性の罠』が描かれている」

「罠？　リスクがあるってことですか？」

「んだ。たしかに、共感を軸にしたコミュニケーションは、実際、最強に近い。だがな、リスクも存在しているんだな。それが、いわゆる『愚民政治』を招きやすいことや」

「愚民政治……間違った方向に行っても、止まらない、と」

「んだ。そもそも、人がその人に『共感するかどうか』というのは、実質的には『どの物語を切り取るか』によって決まる。どんなに筋の通らないことでも、その気になれば理屈はつけられるんや。それが『アラジン問題』や」

「……アラジン問題？」

「んだ。映画『アラジン』はこう始まる。アラジンは、貧しさゆえにパンを盗む。もちろん盗まれた店主は怒り、警察も出動する。追っ手を軽やかに振り払い、なんとか逃げ切るアラジン。ようやく一息つき、パンを食べようとする。だども、目の前に現れたのはお腹を空かせた子どもたちや。あかん！　そう思うて、アラジンは、子どもたちにパンを与えてしまうんや」

「これだけ聞くと、すごい心優しい主人公の話に聞こえますが……」

「あかん！　絶対あかん！　これやから凡人は！　その反応こそが危険なんや」

「え、え⁇」

「脚本の世界にはこういう格言がある。それは『悪いやつを主人公にしたときには必ず、もっと悪いやつを敵にする』ってな。盗人にも三分の理があるように見せるためにな」

「もっと悪いやつを敵にする……?」

「んだ。いったん冷静になって考えてみ。もし、普段よく行く地元のパン屋で、知らない人がパン盗んだらどない思う? 店主知り合いやで?」

「そりゃ、まぁ、怒ると思います」

「んだべな。それ、アラジンくんと同じやん。ただの盗人やで」

「たしかに、言われてみるとそうですが、なんだか屁理屈に聞こえます」

「あー、ホンマ。これやから凡人は。話ならん」

「なんかすみません……」

「ええか、人が人を判断する際、『見える範囲』だけでその人を評価する。このことの恐ろしさをアラジンくんは教えてくれているんやで」

「そ、そうなんですか……」

「アラジンくんの場合は『パンを盗む』という明らかにアカン行為をしても、そのあと『子どもに分け与える』ことで、視聴者が共感してしまうやろ。だどもな、これは巧妙に仕掛けられたワナなんや。だって、たとえば、アラジンの冒頭のシーンがもし『パンを盗んだだけ』で終わっていたとしたら、どう思う?」

僕は想像してみた。アラジンはパンを盗む。逃げる。終わる。それだけだ。

「たしかに、ただの悪いやつかもしれないです……」

「んだ。アラジンは自分が生きていくためにパンを盗み、逃げさっただけやで。むしろ、そのパン屋の店主には妻もいて、子どももいて、彼らを養わないといけないかもしれへん。アラジンの行為はその店主の努力を明らかに踏みにじる行為やで」

僕は今の自分の仕事に当てはめてみた。たしかに、広報の仕事なんてまさに「どこを切り取るか?」の仕事かもしれない。

「なるほど。たしかに言われてみれば、テレビや映画でも『いい部分だけ切り取った』『悪い部分だけ切り取った』編集が、問題になっていますもんね」

「んだ。逆にこの編集さえうまくやれば、『店主のほう』に感情移入させることもできる。例えば、もし、パン屋の店主が、病弱な子のため朝早く起きて、一生懸命粉をこねるシーンが描かれていたとしたら、きっと視聴者の多くは、むしろ『店主のほうに』感情移入するやろ」

「たしかに。共感します」

「これこそがまさに『共感性』の危うさなんや。つまり、共感性とは往々にして『物語のどこを切り取るか』によって決まる。だから共感性だけを軸にして経営の意思決定をすると『間違う』。だって『浅い』からな」

共感性は、一見すると根深そうに見えるが、実は「すぐひっくり返るもの」でもある。

ケンは続けた。

「大事なのは『どの部分を切り取り、見せるか』なんだべ。これが共感性を軸にした意志決定は危うい、ということや」

## テクノロジー・アート・ミュージアム

「一緒に行きたい場所がある」

アンナにそう呼び出され、僕は久しぶりにある場所を訪れた。

JRからモノレールに乗り換え、10分ほど移動すると、大型ショッピングモールに併設されたその場所に到着する。

テクノロジー・アート・ミュージアム。通称、ＴＡＭだ。

その名の通り、最新技術を使ったアート作品を体験できる、エンターテイメント型の施設だ。このＴＡＭは他でもない上納アンナが創業時に立ち上げた施設だった。僕は遠くから、歩いてくる彼女を眺めた。

凜としたたたずまい。美しい肌。鼻筋が通り、意思を持った目。

誰もが上納アンナを見れば振り返る。

「久しぶりだな」

「昔はよく来ていましたね」

僕は正直、嬉しかった。会社が大きくなってから、労働環境は改善した。でも少しだけ寂しさも感じていた。文化祭のように熱量を共有できる職場。

もうあの頃には戻れないのだろうか？

「入ろう」

「は、はい」

やや暗めのエントランスから、ゲートをくぐり、まっすぐ正面にあるのは、黒い大きな施設だ。僕たちは会場の中に入った。

## ライバルは宇宙だ

ＴＡＭは、五つの部屋でできている。それぞれにテーマが設定されていて、ユーザーは違った世界を味わうことができる。

アンナは、初めて会ったときこう尋ねてきた。

「世界最高のアートはなんだと思う？」

僕は確か、「音楽」と言ったのだと思う。彼女は言った。

「私は宇宙だと思うんだ」

僕は驚き、聞き返した。

「宇宙がアート？」

「そうだよ、宇宙こそ、最高のアートだよ」

僕はこの時間が好きだった。彼女が語る、世界の秘密。それは聞いている者をワクワクさせる。彼女は続けた。

「宇宙に行くと、人は優しくなるという。青野、なぜだかわかるか？」

「いえ……わかりません」

「価値観とはすべて、相対的だと気づけるからだ」

「相対的？」

「宇宙空間では、上や下、右や左というものが存在しない。上とはどちらなのか？　下とはどちらなのか？　地球では成り立つ言葉が成り立たない。360度回る世界の中で、自分から見た『上』と、相手から見た『上』は全く違うからだ」

「なるほど」

「だから宇宙飛行士は、『あなたから見て上』や『入り口から垂直方向に向かって』という相対的な言葉を使う。そして宇宙船から地球を見たとき、人は気づく。国境すら人類の手によって作られたものだと。それって究極のアートだと思わないか？」

アンナは目をキラキラさせながら語った。

「人は生きていて、たくさんの区別をする。自分と他人、外国人と日本人、黒人と白人。たくさんある」

天才、秀才、凡人、まさにこの三つだってそうだ。人を区別するものだ。

「そして、人が何かを区別するためには、必ず、1本の境界線が必要だ。ではその境界線はなによって生まれるかというと、重力によって生まれたものだと思うんだ。それは『家』であり、『場所』だと私は思っている。重力によって人は地球に足をつけて生きている。その結果、人は自分の場所や自分の国という概念を持つ。私はこれを破壊してみたいんだ」

だからこのTAMの一貫したテーマは、universe と experience なのだ。アンナは続ける。

「アートとテクノロジーの役割は、人の認識を揺さぶることだ。アートは、その時代、なにが美しいのかを提示し、テクノロジーはこれまで人体ではできなかった境界線をなくす。つまり、アートもテクノロジーも、すっと引かれた1本の線を消す消しゴムのようなものだ。だから私は、宇宙を作ったその存在に対して、ジェラシーを感じるんだ」

昔、アンナがあるインタビューで「意識するライバルは誰ですか？」と聞かれて、こう答えていた。

「宇宙を作った存在」

インタビュアーは、一瞬、「?·?·?」という顔をしていた。僕はそれを思い出した。

アンナは、スクリーンを指差した。

「だから、私はこのミュージアムで宇宙に近いものを表現してみたかった」

宇宙に近いもの。振り返れば、TAMは、それを目指そうとしたものだったのだろう。

このミュージアムでは、まず、入り口で特殊な装置を手と足首につける。リストバンドのようなその装置は、それぞれ、背中に背負う装置と細いワイヤーでつながっており、四肢の動きをコントロールする。

加えて、リストバンド内には磁石が組み込まれており、ＴＡＭ内に設置された装置によって磁気が発生し、「体感体重」をコントロールすることができる。そして、これは「相対化」を体験するための装置になっている。

参加者は、数々のアトラクションを体験することで「からだ」「とき」「とし」「すみか」「し」の五つを相対化することができる。

たとえば「し（死）」の部屋では、手と足につけた機械の重力が視覚と聴覚を奪うことで、体感年齢は80歳になる。参加者は鏡の前に立ち、80歳になった自分と対話することができる。今の自分と、未来の自分。

そして、数分の会話を終えると、場面は変わる。

目の前には幼い頃の自分、13歳当時の自分が現れ、体感年齢も13歳の頃と同じものになる。

しかも対面する「もうひとりの自分」が話す言葉は、インターネットを通じて習得された各自の文書や音声データが言語処理され、「口癖」や「話すスピード」まで設計されている。端的に言うと「自分がよく使う言葉」を、鏡の中の13歳や80歳の自分もよく使うのだ。

参加者はまた、事前に簡単なデータを登録しておくだけで、「自分が今住んでいる部屋」の中で、これら「80歳の自分」や「13歳の自分」との対話を感じることもできる。

このミュージアムの設計思想の背景にあるのは、上納アンナのリアリティに対する執着だった。アンナはこう言う。

「リアリティがなければ、仮想現実は成立しない」と。

つまり、顔、声、住む場所、体感——すべてがリアリティを持つからこそ、僕らは「死」を相対化することができるのだ。

この構想からすべてを作り上げたのが、上納アンナだった。人はこう呼んだ。「天才」だと。

そして、TAMには、こういった部屋が五つある。僕らは久しぶりに、各部屋を回った。「わー!」「すごい!!」会場の中には歓声が広がっている。楽しそうに笑うカップルもいる。

その様子を見てアンナの頬が少しだけ緩んだように見えた。

だが、すぐに表情が硬くなり、彼女は言った。

「最近、私には本当にわからないんだ。なぜ、これだけ人を楽しませられるものが、ビジネスにならないのか。どうして利益につながらなくなったのか」

「……そうですね」

「ずっとそれでよかったんだ。いつもお客に楽しんでもらうことだけに集中していれば、絶対に利益も出たはずなんだ」

こんなとき、気の利いたサラリーマンなら、なんて言うのだろうか？　天才を支えられる優秀な秀才なら、なんと声をかけるのだろうか？

僕は何かを言いかけた。

アンナは制止し、言った。

「慰めは無用だ」

そして厳しい顔をし、天井を見上げ、こう呟いた。

「『飽きられている』のかもしれないな。このミュージアムも、私自身も」

## 人類の最大の敵は「飽き」

一通り、ケンに説明すると、ケンはそう呟いた。少し困った表情をしているように見えた。

「おめ、いっちゃん難しい問題を持って帰ってきたな。『飽き』ってのは、実はホント難しい問題なんやな〜」

「そ、そうなんですか?」

「んだ。端的に言うと、人類にとっての最大の敵、それは間違いなく『飽き』なんや」

「人類の敵は『飽き』?」

「んだ。まず、そもそも組織が進化する上で一番、重要なのは実は『飽き』なんや。飽きってのは、余白に対する人間のベクトルなんやな、これ」

余白に対するベクトルが、飽き?

僕は全く、意味がわからなかった。

「『飽き』かぁ〜」

「組織や世の中には、必ず、飽きている人がいる。それは、時代や、古いやり方に『飽きている』んや。そして、新しいものを作る人にとって、『飽き』ってのはとんでもない苦痛なんや。生きている感覚がしない、死んでいると同じ。そんなレベルの苦痛や」

「飽きが苦痛?」

「んだ。特に天才にとっては、誰かが作ったレールの上で生きていく、そんなのは朝飯前すぎて面白くない。だから、天才は新しいレールを自ら敷いて、新しい価値を作りにいく。それは壮大な『飽きとの戦い』や」

「誰かが作ったレールの上で生きたくない……なるほど」

「わかりやすい例を出すとな、たとえば、ここに8歳の天才少年がいたとしよう」

「天才少年?」

「その子は、8歳にして、大学院レベルの数学を理解している。そんで、彼を普通の小学校の算数の授業に放り込んでみ。間違いなく『飽きる』やろ」

「まぁ、それはそうですね」

「ほんで何すると思う?」

「飽きているから、寝るか……他のことをするか」

「そや、大体が、教科書の図形を塗りはじめるか、先生の似顔絵描くか、変顔するか、違うことするわな。たとえば、自分で問題を作り始めたり、先生のミスを指摘したりな。なにせ、先生より勉強できるからな。想像できるやろ？」

僕は頭の中で考えた。たしかに、映画でもよく、暇を持て余した天才児が先生のミスを指摘して怒られるシーンが出てきたりする。

「……想像できます」

「んだべ。ほんで、実はこれこそが『イノベーション』が生まれる瞬間、そのものなんや。つまり革新的なイノベーションとは、『組織の飽き』をモチベーションにした、『世の中の余白』に対する天才の指摘によって生まれるんや」

革新的なイノベーションとは、天才の「飽きに近い感情」から生まれる。

「天才からすると、古いやり方や、非効率な社会というのは『飽きすぎてヤバイ』存在や。だからこそな、天才は怒られるんやな。『先生そこ、間違っていますよ！』って言っちゃうから。一緒やな、これ。でもこの瞬間こそ、イノベーションが起きているときなんや。わははは」

そう言うと、ケンは笑い出した。

よくわからないところで笑う犬だ……。彼は続けた。

「あのな、大人はな、『飽きる』ことに対して、たくさんの対抗策を持っている。遊び、趣味、金、恋愛とかな。でもな、ちゃうんや、天才が求めているのはそんなんちゃう。これまでの世界に飽きているし、そこに『改善できる余白』しか見えない。だから、指摘するし、作るんや。彼らが求めるのは、常に飽きを満たしてくれるような、心が燃えたぎるような『余白』なんや」

「心が燃えたぎるような余白……」

「だども、大体、どの組織にも『先生』がいるんや。そして、『先生』は天才を殺す。ちなみに『先生』ってのは、〝たとえ〟だべ」

**先生……**

**秀才の一種。よかれと思って、天才のことを指導するが、天才にとっては好奇心を殺す存在に映る。**

「『先生』……？　でも、彼らもよかれと思ってやっている。基本はいい人ですよね？」

「んだ。凡人や秀才にとってはな。でもな、天才にとって『先生』ってのは、非効率な存在に見えることが多い。『先生』も悪気があって指導するわけちゃうから、やっかいなんやな、これ。つまり、こういうことや」

イノベーションとは、天才と飽きが共存した組織で起きる。その上で「先生」という秀才を担任から外すことが重要。

「なるほど……」

「でもな、もっと大事なのは、『飽き』には時間差があるってことなんやな」

「あ、飽きには時間差がある？」

「そや、つまりな、上納アンナ、彼女の課題とは『世の中から飽きられていること』ではないんや」

「……？？？」

## 天才はすでに飽きている

僕は次第に、なんの話をしているのか、わからなくなってきた。組織にとって「天才と

図11：飽きのメカニズム

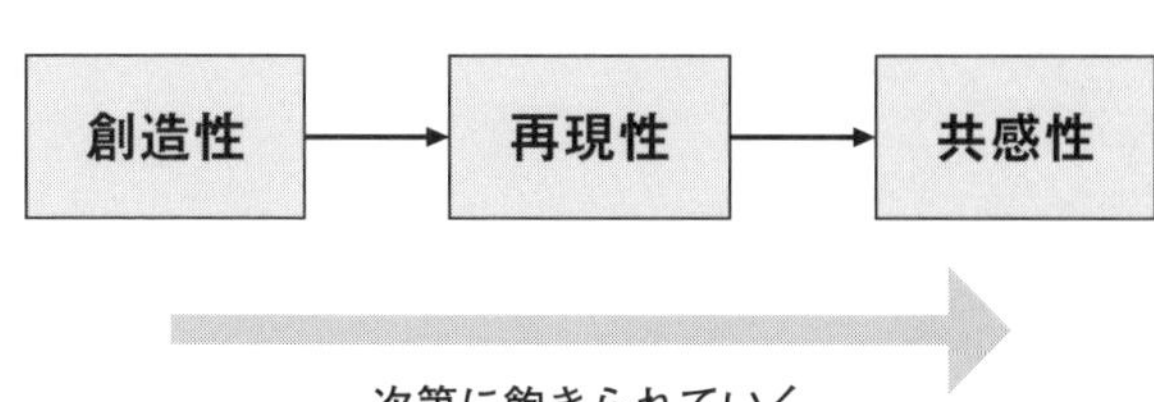


飽き」がイノベーションを起こす上で重要だとしたら、彼女が飽きているのは、いいことなのではないだろうか？

「ええか、そもそも飽きるとは、二つの意味がある。一つは、世の中から飽きられること。これは想像しやすいやろ。まさにオセロが白から黒に変わる瞬間。昔スターだった芸能人が消えていく、こんなイメージや」

「あ、わかります」

「そして、もう一つは、自分自身が飽きること。ほんでな、いっちゃん大事なのはな、『世の中から飽きられるはるか前から、天才はとっくに飽きている』。この事実を知っておくことなんやな」

「天才はすでに飽きている？」

「んだ。そもそも、アイデアにせよ、事業にせよ、すべてのものは、三つのフローで世の中に広がっていく（図11）。わかりやすく言うと、誰かが新しく作ったものは、工場やシステムによって大量生産され、最後は人々の生活の一部になっていく。こういうプロセスや。

たとえば、iPhoneも、最初にプロトタイプが作られ、拡大生産され、そのあと、人々の生活の一部として広がっていく。アイデアやバズワード（流行の言葉）もそうや。誰かが思いついたアイデアは、書籍や動画など、再現性の高いツールを通じて、何度も再生産され、普通の世界でも『繰り返し使われるようなもの』になる」

「繰り返し使われ、広がっていく……」

「そして、普通の人々が大量にそれを消費しつくしたタイミングで、『人は飽きる』。このとき、イノベーションは二択の道を歩む。消滅か、コモディティ化かや」

「『飽きられたもの』は、消滅するか、コモディティ化する……」

「んだ。具体的には、真新しさだけで勝負していたものは、完全に飽きられ、消えていく。一方で、実用性もあるものは、必需品、コモディティとして残り続ける。だからこそ、ブランドを大事にする企業は、この『繰り返し使われ、使い古されるフェーズ』を極端に嫌うわけやな」

ルイ・ヴィトンを皆が持ち始めたら、ブランド価値が下がる。こういうことだろうか？

「でもな、これはまだ『消費する側』から見た、飽きのメカニズムなんや。もっと大事なのは『作る側』から見た飽きやな。もうちょいわかりやすく言うと、世の中が飽きる前、そのはるか前に、天才は飽きているってことなんや。たしか、君の会社の社長はこう言ったんやな？　『飽きられているのかもしれないな。このミュージアムも、私自身も』」

「はい、そうです」

「だとしたら、本当に『飽きている』のは、上納アンナ、彼女自身なんや。そして、そのことにまだ彼女は気づいていない」

彼女自身が、飽きていることに気づいていない？

「意味がわかりません」

「ええか、『飽き』には実は2種類存在している。良い飽きと、悪い飽きや。良い飽きというのは、『自分で気づいている』ものや」

「自分で気づいていると、『良い飽き』？」

「さっきの小学生の例がわかりやすい。その子は明確に『授業おもんないなー』『飽きたなー』って心の中で思ってるやろ？　つまり『飽き』に気づいている。でもな、この世には『気づいていない飽き』もある。これが天才にとってやっかいや」

「飽きに気づかない……そんなことありますか？」

「よーさんある。ホンマは飽きていても、人は気づかへん。なんでかというと、『他のことで誤魔化していく』からや。ホンマは今の仕事に飽きているけど、趣味とかでごまかしている。こういう例がわかりやすいやろな」

「たしかに、それは僕もあるかもしれません」

「そやろ」

「でも、それって悪いことなのですか？　だって自分なりに工夫して人生を楽しくしている、こうも解釈できますよね？」

「正しい！　その通りや」

「え？」

「んだ。その通りなんや。人は何かしら、少なからず、飽きている。だから、他のことで代替する。でも、それは決してあかんことちゃう。素晴らしい面もある。だから否定したらあかん。ただしな、天才は違うんや」

「天才は違う？」

「天才は『飽きの中では生きていけない生き物』なんや。言い換えれば、飽きた瞬間に『天才は天才ではなくなり、降格する』ということや」

「て、天才が、降格する?」

「んだ。そもそも、天才が飽きる理由は、シンプルや。『自分なりの勝ちパターン』を完全に確立してしまったとき。最初は全く新しい方法に見えた手法も、何度も繰り返すうちに『パターン』が見えてきてしまう。そして天才が、凡人に好かれたい、多くの人に好かれたいと思って、迎合してしまった瞬間、『再現性』で天才は勝負してしまう。心の中の甘えが出るんやな。このとき、天才は天才でなくなり、普通の人に降格するんや」

「そんな……つまり、上納アンナは、今まさに『凡人になろうとしている』。こういうことですか?」

「んだべ」

「でも! そんな……それは阻止しないとダメです!!」

「おお。急に燃えてきたな。なんでや?」

「だって、あんな稀有な才能、類稀なる才能。それが消えるのだとしたら……絶対ダメです!」

「待てや、君。本気でそう言ってんのか?」

「本気⁉　もちろんですよ！」

「だとしたら相当残酷なこと言うてるで、おめ」

「残酷なこと？　僕が？」

「天才が、秀才や凡人として生きる。それは、もしかしたら彼女にとって幸せなことかも知らへんからや」

「しゅ、秀才や凡人として生きることが、幸せ？　そんなことあるわけないじゃないですか」

「いや、おめ。なんもわかってへんわ。アホたれやな。天才として生きるのは凡人には到底理解し得ない苦しみがある。新しいことを生み出すことでしか、自分を満足させられない身体になってしまった人間。それが『天才』と呼ばれる人物なんや。それはな、決して幸せなことだけではない。むしろ苦しいことがたくさんある」

「そんな……そんなこと絶対ないです！」

「やれやれ。まぁ、ええわ。いずれわかるべ。『天才の闇』、その計り知れないダークサイドの深さを目の当たりにする日が来る」

天才の闇……？

※　※　※

その日から、モヤモヤする日が続いた。上納アンナに対する想い、これはホンモノだ。それなのに、彼女が天才として生きていくことをやめたがっているだって？

今回ばかりはケンの言うことに納得いかなかった。だから、僕は今の自分にできることにフォーカスすることにした。上納アンナのためにできること。

それは「社内の人にＴＡＭを知ってもらう機会を増やすこと」だと僕は思った。

なぜなら、もしも「普通の人は共感性」で決めるとしたら、社内の「社長は交代すべき」という声も、きっと一つずつひっくり返せる。だから社員をＴＡＭに連れていく「社内ツアー」を提案することにしたのだ。

今日はその社内の予算会議だった。だが、雲行きは怪しかった。

「社内ツアー⁇　なんだこれ」

経理財務部長の上山の顔が厳しくなった。僕は答えた。

「社内の人に声をかけ、ＴＡＭを見学しに行く企画です」

「目的は？」

「まず、社内の人に、ＴＡＭの良さを体感してもらうことです」

「なんで？　必要か、それ？」

説明を続けようとすると、間髪入れずに質問が飛んでくる。

「は、はい。必要だと思います。あの場所に行けば、きっと価値を感じてもらえると思うからです」

「いや、そうじゃなくて、俺はさ、端的になぜアート・ミュージアムに連れて行くことが必要なのか？　って聞いていているんだけど。それ理由になってないから」

うっ……僕は自分で言うのもなんだが、説明がうまくない。特にこうやって息つく暇もなく理由を詰められると急に言葉が止まる。

「そ、それは……えーっと」

「なに？　だから」

イライラが伝わる。でもここで折れたら、本当に自分がいる理由がない。僕は答えた。

「もっと、社員が現場を知れたほうが、いいのかな……と思いました」

意外に社内の人の多くが、TAMに行ったことがない。そう思ったからだ。上山部長は先を促す。

「で？」

「きっとあそこに行ってみたら、あの施設の価値をわかってくれるんじゃないかなと思いました。先日、上山さんも行ったことないとおっしゃっていたので」

「ふーん。現場を知らないって、その根拠は？　あんの？」

僕は資料を取り出し、答えた。

「あ、あります。社内アンケートで、TAMに行ったことがある人は、40％しかいないという調査結果があります……そして行った社員は皆、行ってよかったと答えています」

「ふーん、あ、そうなんだ。でもさ、実際行く必要なんてないんじゃない？　だって来場者数が減っていて、利益が出ていないってことは人気がないってことでしょ。違うの？」

「まぁ、それはそうなんですが」

「俺はいらないと思うけどね。費用いくらかかるの？　これは自費？　それとも経費でやるつもり？」

矢継ぎ早に質問が来る。

「で、できればシャトルバスなどを借り、平日のどこかで行ければと思っています」

「あぁ、それはないね、どんだけ金かかると思ってんの？　その日、一日業務が止まるんだよ。わかる？」

「わかります……でも」

「でもじゃないの〜、青野。広報が勝手に、土日に人集めてやるならいいよ。自費でね。それは勝手にやってよ」

なんでだろうか……僕はそんなにおかしいことを言っているのだろうか？　だって、もし社員の60％が、自社の創業時のサービスを見たことも、触れたこともなかったら、それはどう考えても、自然だと思えない。でも何を言っても彼に伝わる気がしない。

僕は言った。

「はい……わかりました、まずは任意でやってみます。あ、あともう一つありまして」

「いや、もういいから。時間ないし。次の議題いこう」

僕は手元を見つめた。昨日、一生懸命準備してきた資料……。僕はぐっと拳を握りしめた。

## 配られたカードで戦え

「元気ないやんか」

ケンは僕のことを気にかけてくれていた。

自分でも子どもだと思う。

「……本当はわかっていたんです」

「わかっていた?」

「天才の孤独です。この前言っていた話。この3年間何度か、彼女自身が、実は本当は普通の人になりたがっているのじゃないか、と思うことがありました。でも……それでも僕はやっぱり、信じてしまうんです。彼女はホンモノの天才だと」

「あー、まぁ、つらいべな、それは。天才の才能を愛してしまった人間の性(さが)。宿命やな。まぁ、ええやん。今日はパーっと酒でも飲もや」

僕はビールを開けた。ケンは高級ビーフジャーキーを食べている。僕は今朝のミーティングの話をした。

「え？　ほんで、おめ。のけのけと帰ってきたん？　経理財務部長に言い返さずに？」

「は、はい……」

「クゥー、情けないね〜！　犬から見ても情けない」

「そんなこと言わないでくださいよ……自分だってそう思っているんですから。はぁ……」

「何しょっぱい顔してんねん！　しっかりせい！」

「でも……」

「でもちゃうわ、バカたれが！　ワンッ!!」

「す、すみません！」

「あのな、君、スヌーピーって知ってるか？」

「す、スヌーピーって、あの犬の？」

「んだ。オラめっちゃ仲良いねん。昔、デュエット組んで活動してたぐらいやからな」

スヌーピーと忠犬ハチ公のバンド……？

2匹の犬が並ぶ姿を頭の中で想像してみた。か、かわいい。少しほっこりした。

「なんか、いいですね、そのコンビ」

「そうだべ。当時はアイドル並みに人気あったからな。作詞のスヌーピーくん、ボーカルのオラや。このスヌーピーくんがな、ホンマええこと書くんやわ。その中でもナンバーワンソングがこれや。


『なんで、君は犬なんだい？』


この曲はな、チャーリー・ブラウンっていう、彼の飼い主から実際に聞かれた質問が元になってるんや。スヌーピー、君はなんで犬なんだい？　ってな。スヌーピーくん、なんて答えたと思う」

「……知らんワン、とか？」

「ちゃうわアホ。彼はこう答えた。

**『なぜ犬かだって？　仕方ないだろ、人生は配られたカードで勝負するしかないのさ』**

ってな。こう答えたんや」

「人生は配られたカードで勝負するしかない……深い」

「ほんでな、才能も同じや」

「才能も同じ?」

「んだ。人生はな、配られた才能で戦うんしかないんや。どのカードが当たるかはわからん。けど、『あぁ、天才に生まれたかった』『秀才に生まれたかった』そんなこと考えるのはホンマに時間の無駄や。大事なんは、自分に配られたカードがなにかを知ること。そしてそのカードの使い方を知ることなんや」

「自分に配られたカードの使い方を知る……」

「んだ。自分は凡人かもしれん。だども今回、めちゃくちゃ大きな一歩を踏み出した。それは自分の共感性という才能を活かそうとしたやろ? 配られたカードで戦ってみたやろ?」


僕は今日の会議を思い出していた。

たしかに、勝負には勝てなかった。でも、それでも自分のできることはやろうとした。

それは自信があった。

「はい。勝負には負けました。でも、カードは差し出しました」

「ええか、実に多くの人がな、無いものねだりばかりして、自分が持っている才能を飼い殺して、人生を終える。たしかに才能っちゅうのは残酷や。強いカードをもらったやつもいる。弱いカードをもらったやつもおる。そやから、いつまでも自分のカードで勝負せんかったら、言い訳できる。俺には才能がある。俺は天才かもしれへんってな。でもそんな嘘やろ？　おめはよう知っとるやろ」

「はい……僕は天才にはなれないです。上納アンナにはなれないです」

「そや、だから負けることなんてたくさんや。勇気出して配られたカードで勝負してもな、負けるなんてよーさんある。だどもな、もっと大事なのは、自分に配られたカードを世の中に出し続けることなんや。そしたら一つだけ約束できることがある」

「一つだけ約束できること？」

「過去最高の自分に出会えること。これだけはホンマや。才能は絶対磨かれていく。そして見たことない自分に出会える。これが才能を使うことの最大のメリットなんや」

僕はケンの言葉を反芻した。たしかに、そうだった。僕は中学で野球をしていた。

でも才能はなかった。それでも打席に立ち続けた。だから、打席に立てば立つほど、負ける数は増えた。当たり前だ。でもそのたびに小さな自分が少しだけ大きくなれた。それは事実だった。

「なんとなく……本当になんとなくですが、わかります。でも、それでも……」

「ん？」

「僕は思うんです、僕は、勝ちたいんです……共感性というカードで、再現性というカードに。秀才たちに」

「おお！　ええやん。自分！」

そう言うと、ケンは目をパチクリさせて嬉しそうな顔をした。

「もう一回言ってみ」

「え？」

「さっきの言葉。僕は勝ちたいんです、って、もう1回言ってみ」

「僕は勝ちたいです！」

「カーッ!!　ええなー！　そやそや、それやで、おめ。ちょっと変わってきたな」

図12：才能の奥義を知るステージ1

| ステージ1 | 自分の才能を理解し、活かす | ←今ここをクリア |
|---|---|---|
| ステージ2 | 相反する才能の力学を理解し、活用する | |
| ステージ3 | 武器を選び抜き、リミッターを外す | |

「あ、ありがとうございます……」

「ほな、教えたろ。ちょうど、才能を活かすための、ステージ1クリアしたからな」

「ステージ1？」

「ステージ1は、自分の配られたカードを理解し、そして恐れずに使ってみること。これやったんや。ようやく次のステージに進めるわ、ええか。なぜ、地球が崩壊していないかわかるか？ それはな、三人のアンバサダーがいるからなんや」

「ち、地球の崩壊……??」

ステージ

# 2 相反する才能

## 世界の崩壊を防ぐ人たち

「おめ、不思議ちゃうか？」

「不思議？」

「んだ。もし、この世に三つの才能があったとして、軸が異なるとコミュニケーションが成り立たないとしよう。そしたら、会社なんて、なんで成り立つんや？」

「たしかに。言われてみたらそうです」

「んだべな、実は、コミュニケーションの断絶を防ぐ際に、活躍する人間がいる。『アンバサダー』と呼ばれる人たちや」（図13、図14）

「アンバサダー？」

図13：コミュニケーションの断絶を防ぐ「三人のアンバサダー」

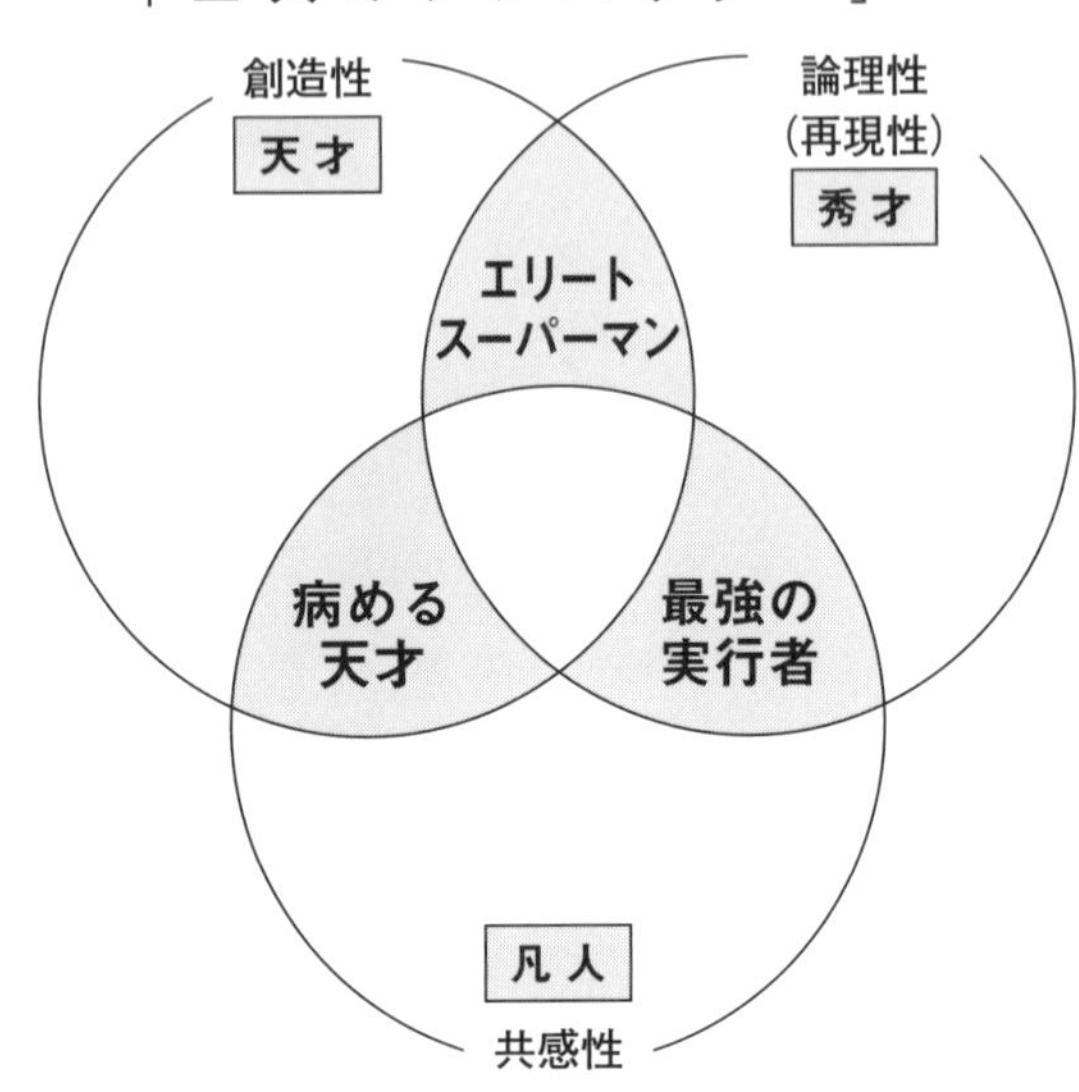


「そや、彼らは二つの才能を掛け合わせた人物や。たとえば『創造性と再現性』『再現性と共感性』というふうにな。

まず『エリートスーパーマン』と呼ばれる人種は、『高い創造性と論理性』を兼ね備えている。だが、共感性は1ミリもない。わかりやすいアナロジーで言うと、投資銀行にいるような人やな」

とにかく仕事ができまくるサイボーグのような人。そういうことだろうか？

僕は話を聞いた。

「次に『最強の実行者』と呼ばれる人

### 図14：三人のアンバサダーのスペック

**エリートスーパーマン**

（創造性あり
再現性あり
ビジネス大好き）

**最強の実行者**

（会社のエース
どこでも大活躍するが、
革新は生まない）

**病める天才**

（天才と凡人を橋渡し
構造的に捉えるのが苦手）

は、何をやってもうまくいく、『めちゃくちゃ要領の良い』人物や。彼らは、ロジックをただ単に押し付けるだけではなく、人の気持ちも理解できる。結果的に、一番多くの人の気持ちを動かせ、会社ではエースと呼ばれている。そして、一番モテる」

後輩や周りから好かれ、人をたくさん動かせるリーダー。そんな感じだろうか？

「最後に『病める天才』は、一発屋のクリエイターがわかりやすい。高いクリエイティビティを持ちつつも、共感性も持っているため、凡人の気持ちもわかる。優しさもある。よって、爆発的なヒットを生み出せる。ただし、『再現性』がないため、ムラが激しい。結果的に、自殺したり、病むことが多い」

感性が豊かなクリエイター気質な人。だろうか？

「まず、組織が崩壊していないのは、この『三人のアンバサダー』によるところが多い。良い組織は必ず、お互いの才能を殺し合うのではなく、支え合いながら進化していく。そこで暗躍するのはこの三人や」

**エリートスーパーマン：**

**天才と秀才の橋渡し。創造性もあり、再現性もある。つまり、クリエイティブでロジックも強い。一代で大企業を作り上げるような社長がわかりやすい。彼らは何よりビジネスが大好きで、常に研究者であり、挑戦者でもある。一方で、部下は彼らのスピードや思考についていけないこともある。したがって「外から見ると凄いが、部下につくと大変」であることも多い。**

**最強の実行者：**

秀才と凡人の橋渡し。再現性と、共感性を武器に持つ。つまり、ロジックも強くて、人の気持ちもわかる。まさにどの会社にもいる「エース」。学生時代から常に組織の中心にいて、就職活動も器用にこなし、行きたい会社に行く。営業と開発、正社員とアルバイト、本社部門と現場などをつなぐ。プロジェクトマネージャーとしても大活躍する。ただし、新しいことをやらせると「既存のサービス」の焼き直しになり、革新的なものは生まれないのが弱点。

病める天才：
天才と凡人の橋渡し。創造性と、共感性を武器に持つ。クリエイティブなだけではなく、それが世の中の人々の心を動かすか？　インサイト（潜在的な欲求）に届くかどうか？　まで、直感的にわかる。自分らしさを表現しつつも、マーケットインの考えもでき、プロダクトや事業などの責任者に就任すると、圧倒的なスピードでサービスを拡大できる。ただし、構造的に捉えることが苦手なため、他部署との調整や、組織の拡大、部下への権限委譲で失敗することが多い。

「三人のアンバサダー……」

「ええか。今の君に必要なのは、パートナーを探すことや。もし組織の中でコミュニケーションがうまくいかないとしたら、相手のパターンと自分のパターンをつないでくれる人物を探すんや。君の場合やと、秀才との間に入ってくれる人物や」

「『秀才タイプ』と『凡人タイプ』をつなぐ人、ですか」

「んだ。つまり、間に入ってくれる『最強の実行者』を見つける必要がある。他人の意見もきちんと受け入れる耳もありつつ、それでいて、自分の主張もはっきりと述べることができる人物。思い当たる人物はいないか？」

僕は社内の人間を思い出した。

一人だけ思い当たる人がいた。

（回想シーン）

とりなすような後輩の言葉をさえぎり、

「でもよ、青野。仮に百歩譲って、そうだとしても、つまり、彼女が終わってないとしても、それをうまく見せるのがお前の仕事じゃないのかよ？」

「え？　どういうことだよ？」

「広報って〝見せ方〟のプロ。そういう仕事じゃねえのかよ？」

「……まぁそうだけど……」

「だとしたら、お前のほうが無責任だろ」


同期の横田は、たしかに上納アンナに対して懐疑的だ。一方で相手の話を聞く耳を持っているし、弁が立つ。彼かもしれない。

「でも、質問が一つあります。仮に、最強の実行者を見つけたとしても、どうやったらその人の協力を得られるでしょうか？　そもそも凡人タイプは論理性が弱いから、彼らを説得できないですよね」

「ええ質問やな。凡人が『最強の実行者』を巻き込む方法がある。それはな、キラークエスチョン、『あなたならどうしますか？』と聞くことや」

「キラークエスチョン……⁇」

## 「最強の実行者」を巻き込む方法

「ええか、そもそも、秀才タイプ、つまり再現性を大事にする人には、必ず『自分なりのベストなやり方やルール』が存在する。仕事の進め方を研究し、言語化しているわけやな。ただ、このやり方を他人にも伝えるか、自分だけのものにするかどうか。押し付けるか、押し付けないか、は、人それぞれや。勉強を教えてあげる秀才もいれば、自分のことだけ考える秀才もいる。学校でもそうやったやろ？」

「……イメージはつきます」

「そして、この二つは、その秀才が『共感性を持つかどうか』で決まることが多い。人の気持ちや、他人の感情を理解できる最強の実行者は、大体のパターンで『聞かれれば、誰かに教えること』を厭わへん。できない人の気持ちも理解できるからな。だからこそ、一番モテるわけやな」

「たしかに、ガリ勉ではなく、教えるのが得意な秀才は、一番人に好かれるイメージがあります。クラスや会社に一人は必ずいます」

「そしてそんな彼らに助けを求める最強の質問が『あなたならどうしますか？』と自ら教えを請い、その方法を愚直にやってみることや。これができへん凡人がホンマに多いんやけどな」

あなたならどうしますか？　どうしてこの質問が役に立つのか。まだ想像がつかなかった。

「ええか。もし、おめが何も知らない状態やとしよう。その横田くんに頼みごとをするとしたら、なんて言う？」

僕は頭の中で想像してみた。

「きっとこう言うと思います。上納アンナを助けるために、ＴＡＭに社員を呼びたい。手伝ってほしい」

「つまり、単刀直入にお願いするってことやな。自分らしいな」

「あ、はい。すみません」

「でも、それやったら絶対動かん。彼にこう言われて終わりや。『なぜ？』『そもそもなぜ上納アンナを助けたいの？』いつもの会議みたいに、詰められて終わりや」

「うっ……はい。たしかに理由やロジックを詰められて大体議論が終わります」

「そんなとき使うべきなのは、『あなたならどうしますか？』『教えてください』なんや」

「なぜですか？」

「なんでかというとな、これは『主語が違う』からなんや。人間にはその人固有の『よく使う主語』が存在している。より正確に言うと、天才、秀才、凡人は主語が違うんや」

「天才と秀才と凡人は主語が違う？」

## 異なる主語を持つ人たち

「天才、秀才、凡人、この三者のコミュニケーションは、『軸』が違うから永久に交わることがない。この話は以前したやろ」

「はい」

「その理由の根源は『主語の違い』なんやわ」

「つまり……？」

「人にはそもそも、よく使う『主語』が存在している。自分のことばかり考えている人は、僕はこう思う。僕はこうしたい。僕はあなたが嫌い。こういうフレーズをよく使う。一方で、他人の目ばかり気にしてしまう人もいる。そういう人は主語が他人やな。あの人は私のことが嫌い。あの人が、どう思うだろうか？　というふうにな。日本語やと忘れがちやけど、言葉には必ず主語がある」

僕は、意識したことがなかった。でも、たしかに口癖で、いつも「僕、思ったんですけど」「私的には」と言う人がいる。こういうことだろうか。

「そんでな、これはまず大きく、主語が『人』『組織』『世界』の三つに分かれる。自分はどれやと思う？」

**1．主語を、人メインで語る人。凡人に多い。**
**2．主語を、組織やルールなどの、善悪で語る人。秀才に多い。**
**3．主語を、世界や真理など、超越した何かで語る人。天才に多い。**

「僕はどうだろうか……たぶん一つ目の気がします」

「んだべ。おめの場合、明らかに『人』が主語なんや」

たしかに、僕は「人」が主語で生きている気がした。

「つまり、自分はベースが『凡人のIタイプ』っちゅうことやな」

「凡人のIタイプ？」

「そや。同じ『凡人』って言っても、さらに何パターンかに分かれる」

どうやら、こういうことらしい。


**Iタイプ……主語が自分(I)。自分がどう思うか？　自分はどうしたいか？　を軸に考える。**

**Yタイプ……主語が相手(You)。あの人はどう思うか？　どう感じるか？　を軸に考える。**

**Wタイプ……主語が家族や仲間(We)。自分も含めたチームがどう感じるか、どうあれば幸せなのか？　を軸に考える。**


「この三つの共通点は、すべて主語が『人』であることや。人の気持ちを軸にして、それに共感できるかどうか、で話す。だから、凡人同士でも衝突が起きる」

「凡人同士でも衝突が起きる？」

「んだ。同じ凡人同士、秀才同士でも、人と人はぶつかることがあるやろ？　当たり前の話やな。そやけど、この中でも、ぶつかりやすいタイプの組み合わせがあるんや」

「たとえば、Iタイプ同士（主語が自分）だとぶつかりやすい。こういうことですか？」

「んだべ。Iタイプ同士の人やと、相手への思いやりがないから、個人プレーに走る。『私はこう』『私はこう』ってな。反対に、Yタイプ（主語が相手）の人同士やと、『自分がない』から、優しいけど話が進まへん。『どうしたい？』『んー、どうしたいかな？』みたいな会話やな」

僕はなんだか、優柔不断なカップルの会話を聞いている感覚を覚えた。

「一方で、Wタイプ（主語が仲間）ばかり集めた組織は、めちゃくちゃ『一体感のある宗教みたいな組織』ができる。『僕たちはこうだ』『私たちは仲間だ』ってな。こういうことや」

「なるほど……そして、僕の場合は『自分がどうしたいか』でコミュニケーションを取る、Iタイプだと」

「んだ。そしてIタイプは実際、秀才に弱い。具体的には、論理的思考に弱い。なぜなら秀才からすると、『自分の気持ちいいこと』しか言ってないように見えるからや。その割に、ロジックがない。まさに君やな」

組織の善悪を優先する秀才から見ると、「凡人のＩタイプ」の発言は、いちばん納得できない。したがって組織に所属するのが根本的に苦手な種族である、ということだろうか。

「うっ……でも、僕は心から社長のことを思っているんですが」

「おめ、なんもわかってへんな。ええか、コミュニケーションは相手がどう受け取るかがすべてやろ。秀才からしたら君の意見はこんな感じに見えている。『それも自分が気持ちいいからやろ？』『好きやからやろ？』『結局、主語は全部自分なんやろ？』ってな」

「でもそれは悪いことなんですか？　だって、お前はどうしたい？　お前はどう思うか？つまりwillが仕事では大事って言いますよね」

「その通りや。主語がＩの人は、実際は伸びしろがある。やりたいことがあるわけやから、Ｙタイプよりガッツもある。ただな、〝相手に伝えるとき〟、つまり組織で働くときは主語を工夫せなあかんわけや」

「……僕のようなＩタイプは、組織で働く際には主語を工夫する必要がある」

「んだ」

## 天才は物理で生き、秀才は法律で生きる

「おめ、こういう格言聞いたことあるか？」

ケンはどや顔で続けた。

「天才は物理の世界で生き、秀才は法律の世界で生きる」

「天才は物理、秀才は法律……知らないです」

「あかん。これ才能論の有名な格言やで？」

「すみません、知りませんでした。誰の言葉なんですか？」

「オラや」

「へ？」

「オラや。さっき考えた」

僕はため息が出た。

「……続きを教えてください」

「面白いのはな、天才ってのは大体、物理の世界となんらかの関係を持つことがホンマに

多いんや。正確に言うと、自然社会の世界やな。宇宙とかわかりやすいな。イーロン・マスク、アインシュタイン、ホーキングとかな。宇宙関係多いやろ」

「たしかに……うちの社長も『宇宙』について語っていました」

「ええか、これは実は必然なんや。なんでかというと、自然社会とは天才の好奇心を満たせる唯一に近い存在やからや。『情報の総量』が圧倒的に多い。謎が多い。変数が多い。天才にとってすべての活力は好奇心、探究心や。その矛先として『自然』は常に最高のフィールドや。変数が多く、世界を構成する謎が一番多いからな」

「好奇心を刺激する自然界ですか……」

「んだ。これが『天才は物理の世界に生きる』や」

天才は物理の世界に生きる……。たしかに、そうかもしれない。でも疑問も浮かぶ。

「でも世の中には、たとえばアダム・スミスやドラッカーのような天才もいますよね？松下幸之助とかも、なんというか哲学者っぽいというか」

「んだ！　ええ質問や！　それこそ、天才の2パターンなんや。これをオラは、Xの次元で生きている天才と、Yの次元で生きている天才と呼んでいる」

「Xの次元と、Yの次元？」

**Xタイプ……世界は何でできているのか、何が事実として、実存しているのか、に興味関心を抱く。「存在」に興味が向く。**

**Yタイプ……人々は世界をどう認知するのか、何が世の中の認知を最大限変えることができるのか、「認識論」に興味関心を持つ。**

「存在(X)と、認知(Y)……ですか」

「んだべ。わかりやすく言うと、科学者タイプがXタイプ。実務家タイプがYタイプ。世の中を良くしたいと本気で思っている経営者なんかは、後者っぽいな。これが天才の2パターンやな」

「対して……秀才は法律の世界に生きる。これはどういうことですか?」

「まさに、これこそが、秀才の主語。その典型が『法律』や」

「つまり、秀才は『法律を主語』にして語る?」

「んだ。ええか。秀才にも、凡人や天才と同じように『主語』のタイプがある。具体的にはこうや」

**Kタイプ……主語が、知識（knowledge）。自分が知っていること、経験していることと、自明になっていることを軸にして物事を語る。**

**Rタイプ……主語が、善悪（right or wrong）。組織にとっての利益や、明文化されたルールなどの、善悪によって物事を語る。**

「知識(K)と、善悪(R)が軸……」

「たとえば、自分の周りにこんな人おらんか？　知っている知識ベースで、意見を押し付けまくる人。他の可能性もあるのに、それについて考えもしないような人」

「たしかに、います。なんというか、間違ってはいないけど、他の人のやり方を認めないようなリーダーですよね」

「んだべ。それが『知識』を軸にした秀才タイプや。この例は悪いパターンやな。良いパターンもあるで。そんで、もう一つが、主語が『善悪(R)』タイプの人や。このタイプは常に会社の利益、組織の利益など、『善悪』を軸にして語る人物や。ルールがこう。校則ではこうなっています。会社の利益を考えるとこう、とかな。凡人との違いは、『好きか嫌

### 図15：凡人・秀才・天才の7タイプ

| | タイプ | 主語 |
|---|---|---|
| 凡人 | I | 自分 |
| | Y（You） | 相手 |
| | W（We） | 家族や仲間 |
| 秀才 | K（Knowledge） | 知識 |
| | R（Right or Wrong） | 善悪 |
| 天才 | X（存在） | 世界は何でできているか |
| | Y（認識） | 人々は世界をどう認識するか |

いか』ではなく、『良いか、悪いか』の軸で考えることや」

「良いか悪いか？」

「んだべ。凡人の言葉というのは行き着くところ、『気持ちいいか、気持ち悪いか』になる。主語が『人』やからな。好きか、嫌いか、安心できるか、安心できないか、つまり『動物としての人間』が彼らにとってもいちばん興味があるともいえる」

「なるほど」

「だども秀才は違う。彼らは厳しいルールや、競争の中で生きてきた。そやから、好き嫌いに加えて、『良いか悪いか』の軸がめっちゃ強い。ランキングものが大好きな人とかそうやな。もちろん、人間やから好きか嫌いかも持っとる。だども、仕事場においては完全に、社会的な生き物としてのジャッジをする。それは一言で言うと善悪や」

「まさにルールの世界に生きている、と」

「んだ。だから彼らは『利益という絶対善』を信じて意思決定するんや」

「まさに、エリート、ですか」

「そう、つまりな、『秀才は法律の世界に生きる』。この言葉は秀才の拠り所は、知識と、社会が決めた善悪。この二つやからや」

「面白い！」

僕は思わず、声をあげた。

## 主語を変え、「最強の実行者」を巻き込む質問

「でも、結局、なぜ『あなたなら、どうしますか？』がキラークエスチョンなんですか」

僕は話を戻した。

「この質問はまさに、主語を変えるためのものやからや。凡人が、秀才を説得できない理由の一つは『主語の違い』や。秀才のほうが組織全体や社会全体が見えているからこそ、

凡人の発言というのは、ホンマに『ただの感想』や『意見』に見える。ほんでちょっと、心の中で見下す」

「たしかに……まさに今の会社の僕はそうかもしれません」

「やったら、その解決方法は一つや、『主語』を変えること。それがこの質問やな。『あなたならどうするか？』で聞いてみる。その上で『自分の想いを伝える』。最強の実行者は、共感性もあるから、自分をサポートしてくれるで」

「なるほど」

「そして、もう一つ、凡人タイプが秀才に支援してもらうための方法がある。それは『相手の発言』をできるだけたくさん使うこと、や」

「相手の発言をたくさん使うこと？」

「んだべ。秀才は、再現性を一番大事にする。そやから、自分が過去に言った発言も一番覚えているし、変えたくない、と思っている。そやから、相手が使った言葉から、目的や背景を説明する。これが協力してもらう際にいっちゃん大事や」

「なんとなくはわかりますが……」

「たとえばな、相手が会社の上司やとしよう。実際のケースや。あるとき、規模より利益を取れ、と言ったとする。でも実際に現場のメンバー的には、規模も取りにいかないといけないときもある。そのときに、まずはこう話すんや。以前、○○さんは規模より利益を取れ、とおっしゃっていましたよね？　あれは例外があったりしますか？　とな」

「つまり、相手の発言からスタートするわけですか」

「んだ。これがポイントや。再現性の世界で生きる秀才タイプは『新しいこと』より、『すでに世の中で発言されたこと』のほうが安心する。これが大事なんや」

僕は、必死にメモった。そして、ふと疑問が湧いた。

「ちなみになんですが、天才にはこの方法は役に立つのですか？」

「役に立つな。この『あなたならどうしますか？』というのは、天才と話すときにも有効や。ただ、天才と対峙するときは、一つだけ準備が必要や」

「天才と話す準備？」

「それはな『問い』や。魅力的な問いを用意すること。天才の好奇心を刺激するような問い。これとセットで初めて、あなたならどうしますか？　という質問の価値が出る。これ、覚えときや」

## 横田だったらどうする？

僕は久々に横田をランチに誘った。

「なんだよ、急に」

そう言いながらも、横田はこころよく誘いに乗ってくれた。久しぶりの同期との会話は弾んだ。


「横田ってさ、テクノロジー・アート・ミュージアム（TAM）に行ったことある？」

「あぁ、あるよ。もちろん」

「どうだった？」

「良かったよ。うちの技術の根幹がわかるし、何より楽しいしな」

横田は考えが柔軟なタイプだ。やっぱり行っていた。僕は続けた。

「そうだよな。行ったら、技術の根幹がわかるよな」

「まぁ、そうだな。なんだ急に？　上納アンナの件か？」

「いや、今日は横田ならどう考えるか、アドバイスが欲しくて声をかけた」

「アドバイス？」

「実は今、ＴＡＭに社内の人を連れて行けないかと思っている」

「はぁ、なんでまた？」

「横田がさっき言ったように、まさにうちの技術の根幹がどこにあるか、を伝えたくて。そのときに、社外の人に伝えることも大事なんだけど、まずは社内の人に伝える必要があると思って」

「ほお、なんで？」

「これを見てほしい。実は、ＴＡＭって、40％の社員しか行ったことないんだよ。うちの技術の根幹がわかるのに」

「なるほどな、それで俺に聞いてきたのか」

「そう。横田ならどうやるかな？　って教えてほしくて。だって知っていると思うけど、俺は説明下手だろ？　それに上納アンナを助けたいんだよ」

「ＯＫ、ＯＫ、いいよ」

「助かるよ」

「で、なにが課題なんだ？」

「経理部をなかなか、説得できないんだよ」

「経理？」

「今、うちの会社は経費を削減しようとしているだろ。だからなのか、やる必要がないって言われている」

「まぁそれは一理あるな。たしかにお前の言うように、社員が自社の施設に行ったことがないってのは課題だ。だが、他にもやるべきことがある中で、優先度が低いってのも事実だろうな」

「……横田ならどうする？」

「俺なら……そうだな。人事部を巻き込むだろうな」

「人事部？」

「そうだ。その費用、社内広報って文脈だとたしかに高い。出ないかもしれない。でも、人事の研修費だとしたら、大した金額じゃない」

「なるほど。つまり、社内の研修費として出してもらうわけか」

「そうだな。結局、経理財務が嫌がっているのは追加予算を出すことだから。人事の予算の中から出してもらえれば嫌がらないだろ」

「でも、そうすると人事が嫌がらないか？」

「そこは、文脈さえつけてあげれば大丈夫なんじゃないか？　今、うちは離職率が問題になっているだろ。その理由の一つは、会社の理念浸透が弱いことと、人間関係って話だ。だったら、文脈として、創業のきっかけになったアートミュージアムを見にいくのは、目的に合ってるのじゃないか？」

「なるほど！」

「てか、いっそのこと、マネージャーと部下何名かで行ってもいいかもな。ピクニックっぽいし、普段と違う研修になるだろ。ちょうど新しい研修を探しているみたいだしな」

「ありがとう！　早速話してみるよ！」

僕はその足で人事部に向かった。


「ということで……社内の研修として、ＴＡＭの見学はどうでしょう？」

僕は一通り、人事部に説明した。

育成担当のマネージャーはこう答えてくれた。

「いいね、ちょうど新しい研修を探していたんだ。部内でも聞いてみるね」

「ありがとうございます!!」

僕は思わずガッツポーズしそうになった。

※　※　※

「ワンダフルやー！」

その掛け声で、始まった。僕らは大好物のビーフジャーキーを分け合った。今日はプチ祝賀会だ。

「でも、これもケンさんのおかげです」

「わはは。んだべ！　んだべ！　もっと褒めんかい！」

「ホントにすごいです。ホントに!!」

「うははは。んだべ！」

ケンはまんざらでもない顔をしている。そこで僕は一つ気になっていたことを聞いてみることにした。

「あの、実は、前から聞きたかったのですが、どうして僕にこんなに親身にしてくれるんですか？」

「なんやて？」

「だって、その……僕みたいな凡人に、ケンさんがこんなに親身になってくれる理由です」

「君を見ていると、昔の自分を思い出すからや」

「僕が昔のケンさんに似ている？」

「んだ。主人の帰りをずーっと待つ、忠犬ハチ公みたいやん、君」

僕は考えてみた。たしかに、誰かを一途に信じる。それは似ているのかもしれない。

「あ……たしかに。言われてみたら、似た者同士ですね、僕ら」

「おい。調子乗んな」

「すみません！」

僕らは笑った。

「ええか、実はな、おめは1個だけ凄い才能を持ってるんや。それはな、ただの凡人にはない、スペシャルな才能なんや」

「え……？　僕に？」

「んだ。にわかには信じられへんかもしれん。だども、いずれわかるときが来る。だからオラは、おめに賭けたくなったんや」

僕にしかない才能⁇　こんな不器用な僕に。本当にあるのだろうか？

ケンは続けた。

「それは『共感の神』になる素養や。そんなことより、たまには散歩連れていかんかい」

「あ、すみません」

僕らは、近くの公園で散歩することにした。テニスボールを追いかけるケンは、ただの犬だった。僕はその様子を見ながら改めて感じていた。

僕のスペシャルな才能？　それに、『共感の神』だって？

一体なんなのだろうか……？

※　※　※

「それでは会議を行います。」

ミーティングの進行役の言葉で、会議が始まった。

「では、人事部。どうぞ」

「はい。我々人事部では、今、次の研修を設計しています」

人事部のマネージャーが答えた。この日、来期の予算編成のための、会議が行われていた。僕はワクワクしながら、この日を迎えていた。

なぜなら、この日、僕の案が承認される予定だったからだ。だが、マネージャーは続けた。

「来年も、今年と同じ内容でいきたいと思っています。変更はなしです」

え？　僕は一瞬耳を疑った。事前に約束したことと、人事部が提案した内容が変わっていたからだ。

「つまり、変更はないということですか？」

「はい」


会議が終わった。僕はすぐさま人事部のマネージャーをつかまえた。

「あの。どういうことでしょうか？」

「あー、青野くんか。すまんな、上の方針で」

「上の方針？」

「そうだよ、来期から全社的に予算管理のシステムが変わるってのは知ってるか？　プロジェクト型予算ってやつだよ」

「プロジェクト型予算？」

つまり、こういう話だった。ＣＦＯの神咲秀一の旗振りで、今「コストセンターのプロフィット組織化」が推し進められている。

これまで「コストセンター」（費用を使い、売上がつかない部署）として考えられていた部署を、「プロフィットセンター」（売上や利益を担う部署）に変えようとするものだった。

たとえば人事部なら採用費や、育成費などには、すべて「プロジェクトコード」が付与され、何かしらの売上にひもづく形にしなければならなくなった。いわゆる「プロジェクト型の予算管理」というものだった。マネージャーは続けた。

「だから、申し訳ない。アイデアとしては面白いんだけど、どの事業部も予算をつけたがらないんだよ、青野くんの案は」

「なんでですか？」

「採用や研修に比べて、文化醸成を目的にした施策は、効果がわかりにくいからさ」

これは言い換えれば、プロジェクト型の予算管理になることによって、エクセルや営業職研修など、「わかりやすく実利のある研修」を現場が求めたということだった。僕は肩を落とした。

「そ、そんな……なんとかならないんですか？」

「いや、俺にそう言われてもな」

「だって、この前はＯＫっておっしゃっていたじゃないですか」

「そうだけど、急に上の方針が変わったんだから、仕方ないだろ」

「急に変わった？」

「そうだよ、プロジェクト型の予算の話自体は、前からあった。業績の悪化で、無駄なコストをカットしたいと思っていたんだろうな。でも、ここへきて急に導入が進められたんだよ」

「そんな……なぜ？」

「わからんよ、俺も。でも、ＣＦＯの神咲さんが旗振り役だから、何かしら意図はあるのかもな」

「意図、ですか？」

「あぁ。だって、噂だが、神咲さんは次の社長の座を狙っているって話だからな。上納アンナは天才だが、数字には弱い。だから自分がやりやすい『管理型のカルチャー』を今から強めようとしているんじゃないだろうか」

「そんな、神咲さんがそんなことするんですか？」

「わからんよ、俺にも。でも、神咲さんは努力によって上がってきた人だからな。その分、上納アンナのような天才タイプへの嫉妬は強いのかもしれない」

「その、本当になんとかならないんですか？」

「うーん、もちろん、協力してくれる事業部があれば、別だよ。予算をつけてもよいよっていう事業部長がいれば」

「予算をつけてくれる事業部長……」

## 秀才が天才に抱く「憧れと嫉妬」

「かーっ！　予算一つ通せないとは、情けないサラリーマンやな～」

家に帰り、ケンに話すと開口一番そう言われた。

「でも、僕はまだ諦めていないです」

「ええことや。でもな、今回の神咲秀一くんの動きは、かなーり根深い問題をはらんでいるな。二つの意味でな。一つは『秀才の嫉妬は根深い』ということや。ええか、天才にとって秀才というのはホンマに〝両極端な存在〟であることが多い。右腕になるか、強敵になるか、どちらかや。つまり、めちゃくちゃ助かるか、めちゃくちゃ邪魔してくる存在。どちらかになることが多い」

「秀才は、天才の右腕か、強敵になる……」

「凡人は天才に対して『好きか、嫌いか』というシンプルな感情しか持っていない。だども、秀才は違う。秀才は天才に対して『憧れと嫉妬』の両方を持っている。相反する二つの感情を持っている。心の中では『すごいし、尊敬している』けれど、一方で『邪魔で、憎い』。なぜなら、もし天才がこの世にいなければ、間違いなく秀才がこの世の頂点に立っているはずやからな」

僕は神咲秀一の例を思い出した。もし上納アンナがいなければ、間違いなく次の社長は、神咲さんだ。

「なるほど……でも、一方で右腕になる秀才もいるんですよね。これはどう分かれるのですか？」

「コンプレックスやな」

「コンプレックス？」

「んだ。秀才がコンプレックスを乗り越えているかどうか。これにつきる。つまり、コンプレックスを乗り越えた秀才は、天才の右腕として偉大な何かを成し遂げる参謀になる。一方で、コンプレックスを抱え続けた秀才は、天才を密かに殺す『サイレントキラー』になり得る」

「さ、サイレントキラー……？」

**サイレントキラー：**

**秀才の一種。サイエンスが持つ『高い説明能力』を悪用することで生まれる。制度やシステム、ルールなどを使いながら、自ら直接手をかけずに、組織の「創造性」や「共感性」を殺す存在。**

ケンは続けた。

「んだ。はっきり言って、『秀才の存在』は組織の命運を決定づけるほど、大きい。組織が大きくなる上で、秀才は絶対に必要や。なぜなら、天才の仕事の進め方には再現性がない。凡人つまり普通の人は天才についていけへん。だども、秀才はなんとか食らいつくことはできる。優秀やからな。けど、そやから、秀才が触媒となって組織に『再現性』をもたらせなあかんわけや」

「でも、だったらどんな形であれ『秀才』は組織に必要。こうはならないのですか?」

「ええ質問やな。結論を言うとな、秀才の価値は組織に『良質なサイエンス』をもたらすか、『悪質なサイエンス』をもたらすか、で決まる」

???　僕の中でまたもや、謎が浮かんできた。

ケンは言った。

「そして、悪質なサイエンスは『アートとクラフト』を殺す」

アートとクラフトを殺す……?

※　　※　　※

「経営は、アートとサイエンスとクラフトの三つの要素や。これは前に話したな？」

「はい」

「そして、サイエンスはアートやクラフトに比べて、説明能力が圧倒的に高い。そやから、サイレントキラーになった秀才は、一つずつ、アートとクラフトの力を奪っていくんや。たとえば『意味のないデータ』や『管理』を使ってな」

「意味のないデータ？　管理？」

「んだ。これはわかりやすい話がある。データ解析の世界では、有名な小話や。あるとき、とあるデータ解析チームがウェブ広告の効果を研究していた。具体的には、どんな画像であれば、人々によくクリックされ、反対に、どんな画像はあまりクリックされないか。これを調べてたんや。いわゆる、A／Bテストと呼ばれるものや」

「広告の効果を測っていた、と」

「んだ。そして、ある若い研究員が声をあげた！『大発見しました！』と。周りの研究員がゾロゾロ集まってきて、何を見つけたのか？　と興味津々に聞いた。すると、その研究員は自信満々にこう言った。

『キレイな女性の画像と、文字だけの画像だと、前者のほうが、明らかにクリックされやすいです！』と」

「うん」

「……美女と、文字の画像を比較すると、美女のほうがクリックされやすい……」

「あの、それは当たり前じゃないですか？」

「そやねん。当たり前やねん」

「ですよね……僕でもわかります」

「その通りや。そんなものは、人間なら誰でもわかる。データ解析なんていらん。でも、その若い研究員は自信満々に発表したんや。なぜかわかるか？　これがサイエンスの罠や」

「……目的を見失ったからですか？」

「それに近い。サイエンスの恐ろしさというのは、『サイエンスすること自体』が目的になりやすいことや。二流の研究員は、研究することが目的になる。今の若手研究員のケースはまさにこれやな」

「なるほど」

「そしてサイエンスすることが目的になると、組織におけるアートとクラフトは、あっという間に死んでいく。説明能力の差によってな。これが『悪質なサイエンス』が、アートとクラフトを殺す理由や」

面白い。

でも、僕は新たな疑問が湧いた。

「一つ気になるのは、その研究員も悪気があったわけではないですよね？　だとしたら、サイエンスが、悪質か、良質かを決めるのはなんなのでしょうか？」

「それはな、『失敗』をどう捉えるか、なんや」

「失敗⁉」

「んだべ。具体的には、失敗を許すためにサイエンスを使うのか、失敗しないためにサイエンスを使うのか。この二つで決まる」

## そもそも、サイエンスとは何か

「これがわかるためには、そもそも、サイエンスとは何か、を理解せなあかん。経営の世界に『科学』が初めて導入されたのは、米国のフォード社と言われている」

「フォード……クルマの？」

「んだ。クルマの作り方を科学し、プロセスごとに定量化し、フォードは瞬く間に成長していった。有名な話や。そこから、クルマ以外の業界でも『科学的管理法』が導入され、コンサルティングファームの出現によって、一気に経営の世界に浸透していった。今では、スポーツの世界でも『科学に基づく管理』が導入されている」

「そう聞くと、いいことでもありますよね？」

「もちろんや。だどもな、科学の世界でも『一流の科学者』と『三流の科学者』がいるように、本来は『経営科学』は、使う者の高い素養が求められる。つまり『使う側にも資格』がいるんや」

「つまり、科学を使うべきなのは、本当に優秀な秀才だけ……だと」

「んだ。経営科学はあまりに発展しすぎた。マネジメント、ＫＰＩという単語は、書籍やネットに溢れ、もはやどんな会社でも使われるほどになった。だどもな、エセ科学が、人を不幸にするように、科学とは、使い方を間違ったら、組織に不幸をもたらす。そして往々にして、サイレントキラーはこの『科学』を間違った方向に導く」

「間違った方向……。では、そうならないためには何が必要なのですか？」

「一番大事なのは『科学』の本来の価値を、忘れないことや」

「科学の本来の価値……？」

「なにかわかるか？」

「いえ、わかりません……」

「まず、科学的であるということの一つは、『検証可能性があること』や。つまり、ちゃんと後から『ホンマにあってたんかな？』とチェックできること。でもそれは、科学の一側面でしかない。いわゆる、ＰＤＣＡ（Plan, Do, Check, Action）の『Ｃ（チェック）』があることとやな」


僕は考えた。科学の本来の価値？

難しい。わからない。

ケンは言った。

「それはな、『間違えること』なんや。科学の良さというのは『ミスできること』、これなんや」

「間違えること……？」

## 科学の良さは失敗できること

「どういうことですか？」

「そもそもな、本来、『科学者』なんて、失敗しまくりやで。1000回やって1回でもうまくいったら大成功。そんなレベルの確率や。わかるか？」

「たしかに……理系の研究室で勉強していた友人は、同じようなことを言っていました」

「んだべ。そもそも科学ってのは〝失敗しまくり〟なんや。そして失敗しまくった結果、なんとかして『それっぽい真実』を見つける。このそれっぽい真実というのが、教科書に書かれていたり、本を通じて得られるものや」

「……なるほど、言われてみれば、そうですね」

「だから君が本を通じて1分で得た『それっぽい真実』も、その裏には数えきれないぐらいの失敗があって、初めて見つけられたものや。でもな、普通に生きていたら、そんなこと気にしないやろ？」

「全く気にしないです」

「そやから、危険なんや。成功の上澄みだけを教科書で学んできた『秀才』は、自分は科学を使いこなせると勘違いする。なぜなら自分で『失敗しまくったこと』がないからや。つまり、失敗したことない秀才が、組織の上に立ち、サイエンスを振りかざしたとき、天才を殺してしまう。ある世界的に有名な科学者は言った。『科学の良さは失敗できることである』と」

なんだか、僕は学校の授業を受けているような気分になっていた。

「でも、そうすると、諸悪の根源は……」

「サイエンスを間違った人間が使っていること。それかもしれへん」

僕は思い出していた。一番は、やはり神咲秀一。彼だろうか？

「思い当たる節があります……たしかに、プロジェクト型の予算管理もいきなり導入されました」

「ああ、社内にいる『サイレントキラー』はそいつかもしれへんな」

## 社内の「サイレントキラー」を探せ

僕は翌日、「最強の実行者」である、横田に相談してみることにした。

「なるほどな……その可能性はあるな」

すべてを聞いた横田は言った。

「本当のところはわからん。けど、もしも神咲さんが、上納アンナを辞めさせるために、ここ数年、サイエンスの要素をわざと強めてきたとしたら、辻褄は合うな」

「そうなのか?」

「だって、管理会計のルールが変わったのは、ちょうど3年前からだ。覚えてないか? そのときから、急にアンナさんがやる事業の赤字がやたらと目立つようになった」

「たしかに。最初は『何かの間違いかな?』と思うぐらいの赤字だった」

「そうだ。あのとき、俺たちの感覚だと、アンナさんの新規事業は比較的うまくいっている印象だった。けど、蓋を開けてみると大赤字だった。だからこそ、びっくりしたんだよな」

「なるほど」

「だけど、もしかしたら、実は、そもそも『管理会計のルール変更』は、アンナさんを失脚させるための周到な準備だった可能性もある」

「だとしたら、なんとかしないと」

「まぁ待てよ、青野。これはあくまで憶測だから、経理財務に聞いてみないと。変更した背景をさ。まぁ教えてくれるかは、わからないけど」

「行こう！」

言うより早く、立ち上がっていた。僕は言った。

「経理についてきてくれないか？」

「え？　俺が？」

「そうだよ」

「えー……でも、部長の上山さんって苦手なんだよな、俺。外資っぽすぎるっていうかさ」

「うん、でもありがとう」

「やれやれ……」

## 変更された会計基準

当時、会計基準プロジェクトを動かしていたのは、ＣＦＯの神咲秀一と、その部下に当たる経理財務部長の上山だった。

「なんだ、急に。こっちは忙しいから、端的に話してくれ」

そう言うと上山は、メガネをクイっとした。

「いや～ホント、忙しい中すみません～」と横田は言いながら、すかさず本題に入る。

「端的に言うと、3年前に会計ルールの変更を行った背景が知りたくて。そこで10分だけお時間いただけないかな～と」

横田は相手に合わせて、緩急をつけて話すのがうまい。論理と感情、その両方をタイミングよく使い分ける。だが、経理財務部長の上山はいつもの通りだ。

「は？　なぜ？」

「二つありまして、一つが『うちの部も予算管理をさらに強めたい』と思っていて、ぜひ、ポイントを教えてほしいということです」

「……君のチームが？」

「はい。もう一つは『もうちょっと会社全体の予算管理のことを知ったほうがいいな』と思いまして、現場も。そこで有志で勉強会したいなと思っているんです。なので、まずは自分が知らないといけないかなーと」

さすが。僕はそう思った。これだと、導入の背景を根掘り葉掘り聞いても違和感がない。上山は少し考えた後続けた。

「なるほどな……具体的に、何が知りたいんだ？」

「まず聞きたいのは、3年前の会計基準がなぜ、変更されたのか、その背景です」

「それは社内のシステムを通じて、何度も説明しただろ。聞いてなかったのか？　お前」

「いえ、聞いていたんですが、いかんせん、頭が悪いもので」

「……ったく。これ見とけ」

そう言うと上山は、ドンっと資料を置いた。会計基準を変えた理由などが書かれている資料だ。横田は経営企画にいたこともある。そのため、数字にも強い。

横田は資料に目を通しながら、答えた。

「あ、なるほど。一つ質問いいですか？」

「なんだ？　さっさとしろ」

「ちょっと気になったのが、この部分なんですが……」

そう言うと、横田はあるページを指差した。そこには「新規事業の撤退基準の明確化」と書かれていた。

「なんだ。それがどうかしたのか？」

「ここに、事業の利益は、単体ベースで判断する、と書かれています。今の『プロジェクト型の予算管理』のベースになっている考えですよね」

「そうだ。だからなんだ？」

「それ自体はいいなーと思うのですが、新規事業の撤退基準がちょっとだけ厳しすぎませんか？　新規の事業を、既存の事業と同じように見るって」

「そうか？　当たり前だろ。同じ会社なんだから」

「でもですよ。新規事業が2年で本体の人件費ベースで黒字化するって、そんなことできますかね？」

動いた。わずかに。上山の眉毛がピクリとした。何か思い当たることがあるのかもしれない。

「つまり、釈迦に説法だと思うのですが、新しいビジネスを始めるときは、だいたい、お金もなくて、給与なんてたくさん払えませんよね？　だから販管費は安くせざるを得ません」

上山は何も言わない。横田は続ける。

「でも、この会計基準だと、新しい事業でも本体の人件費が１００％チャージされています。これだと2年で新規事業が黒字化するなんて、ほぼ不可能ですよね……」

「なんだ、お前、なんか文句があるのか？」

「いえいえいえいえ……そんなことないです。全く」

上山は立ち上がり、こう言った。

「もういいか？　忙しいんだ、俺は」

逃さない！　僕は思わず彼の腕を摑み、言った。

「ダメです、教えてください」

手のひらから全身に力が入る。

「座ってください」

上山が僕を見る。明らかに、いつもと違う様子だったのか、ギョロ目が僕に向く。部長は席に座った。横田は言った。

「きっと考え抜かれてやられたと思うのですが、こうしたのってなぜなのかな？　と」

「……」

「この程度のことは、上山さんなら、当然わかっていたはずだと思うので」

上山はしぶしぶ答えた。

「……あえて、そうしたんだよ。つまり、あえて『新規事業で利益が出ない』、そう見えるように会計基準を作り直したんだよ」

「あえて……??」

※　　　※　　　※

上山は続けた。

「お前ら、これ、録音とかしてないだろうな？」

「もちろんです」

と、僕が答える。

「お前らが思っている通り、今の会計基準では、新規事業は絶対、2年以内に黒字化しない。もちろん、厳密に言うと、絶対なんてものはないが」

僕は怒りが湧いてきた。

「なぜですか？　なぜ、そんなふうに作ったんですか？　だって会社の方針として新しい事業を立ち上げる、そう掲げていたじゃないですか」

「……青野。それは『社長』がそう言っていただけだろ？」

「そうです！　だからこそ、なぜ、それを邪魔するようなことするんですか」

「それはな、上納アンナがまさに〝邪魔〟だからだよ。会社にとってな」

「は？」

「は？　じゃねえよ、青野、俺は心からそう確信している。これは俺のエゴじゃない。会社のためだ」

「意味がわからない。意味がわかりません」

「今の会社にとって必要なのはな、上納アンナじゃない、神咲秀一なんだよ。うちの会社はもうパブリックな会社だ。大きくなりすぎた。たった一人のカリスマが経営する時代は終わったんだ」

「上山さん、何、言っているんですか！　まだ彼女は終わっていない。まだできるはずです、意欲も才能も残っている」

「だからこそ、終わらせる必要があるんだよ。テレビやニュースを見てみろ。カリスマ的な創業者が晩年になり、センスも才能も衰え、むしろ『老害』になるケースは世の中に山ほどある。結果、苦しむのは従業員。他でもない我々なんだ」

「……なぜ、なぜ、そんな残酷なことができるんですか？」

「俺は間違ったことをしているとは一切思っていない。それに神咲さんも承知の上だ」

「じゃ、じゃあ……わざと、新規事業が失敗するように、赤字が目立つように、会計基準を作り変えたんですか……？」

「そうだ。何度でも言おう」

上山は深く重たい声で続けた。

「そうだ。私が天才を殺した」

「そうだ。私が天才を殺した」

## もう天才はいらない

その夜の帰り道。僕は考えた。

僕は一体、なんのために働いているんだろうか？

思い返すのは、やっぱり創業時の頃だった。あの頃は、アンナは若き天才起業家だった。才能に溢れ、野心に溢れ、誰よりも魅力的だった。

やがて時は経ち、会社は大きくなり、もはやこの会社は彼女一人の会社ではなくなった。

それは事実だった。

でも、それでも、僕は彼女の才能を信じることしかできない。それを失うと、自分の中が空っぽになるような気がしてしまうのだ。


「おい、青野」

後ろには横田がいた。

ポン。励ますように、背中を叩かれた。彼は言った。「飯でも行こう」と。

僕らは近くの定食屋に入った。入社した頃からこれまで何度も通った、ポテサラが自慢の店だ。

「強烈だったな、しかし」

「ああ……」

「でも、俺はさ、正直に言うと、上山さんの話は一理あるって思ったな。申し訳ないけど」

「一理ある？」

「あぁ、もしもだぜ、社内に神咲さんがいなかったとしたら、今でもアンナさんが社長であるのがベストだと思う。

他にいないし。でも、神咲さんがいるなら、頭もいいし、努力家でもあるから、もしかしたら今のフェーズの会社には合っているかもしれないとも思う」

「うん……それはわかるよ、俺も。でも、やっぱりこの会社は彼女がつくり上げたんだよ？本当に全くなにもないところから、つくり上げたんだよ。それを取り上げるなんて、残酷すぎるよ」

「まぁ……たしかに、神咲さんは中途だし、まだ4年目だしな。会社が出来上がった状態で役員として入ってきたわけだからな」

## 図16：才能の奥義を知るステージ2

| | | |
|---|---|---|
| ステージ1 | 自分の才能を理解し、活かす | |
| ステージ2 | 相反する才能の力学を理解し、活用する | ←今ここをクリア |
| ステージ3 | 武器を選び抜き、リミッターを外す | |

「なにが正しいのか、なにがダメなのか、わからなくなってきたよ」

僕はハイボールを飲み干した。横田は言った。

「うーん。多分だけどさ、本当に一番大事なのは、そこじゃないと思うんだ」

「？」

「一番大事なのは、アンナさん自身がどう思うか。その考えなんじゃないか？　だって、お前が応援したいのは、うちの会社じゃなくて、上納アンナ、彼女自身なんだろ？」

「もちろん」

「だったら、大事にすべきは『彼女の本音』のほうじゃないのか？」

彼女の本音……今、上納アンナは何を思っているのだろうか？

ステージ

# 3

# 武器を選び、戦え

## 天才のダークサイド

家に帰ると、ケンがこう言った。

「なんや、おめ。かつてないぐらいに元気ないやん」

「そりゃ、そうですよ。こんな状態で、元気なんて出ます?」

「出るワン! なんつって」

「……帰ります」

「いや、ここ、家やん」

「……まぁ、そうですね」

「は? ここは〝天丼〟やん。会社行きます! って、言わんと。認めてしもうてるやん」

「だって、事実なんで……」

ガブ。鈍い音とともに、激痛が走る。

「いてててて！　なにするんですか!!」

「噛んでみた」

「え？　え？　えー？」

気づくと、ケンが右足の太ももに噛み付いていた。鈍い痛み、身体中にアドレナリンが巡る。ドクンドクン。血圧が一気に上がった。ケンは言った。

「元気出たやろ？」

「げ、元気てか、血が出てますよ!!」

「ええやん、ええやん、生きてるーって感じするやろ？」

僕は歯型のついたズボンを脱ぎ急いで止血をした。ケンは「わははは」と声を出して笑っている。無茶苦茶だ、この犬……。

「ええか、一つ教えてやるわ。自分はようやく、『才能の奥義』を身につけるフェーズまできたんや」

「才能の奥義？」

「そうや。ええか、おめは『才能ある人』を支えたい。こう思ってずっと生きてきたんやな？」

「そうです」

「おめはな、ようやく今、『天才』を理解できるようになってきた。そのための重要なことを学んだんや。それはな、『天才のダークサイド』なんや。つまり『天才の闇』を理解する準備ができたんや」

「天才のダークサイド？」

「んだ。そもそもな、なぜ、世の中で成果を出し、世間からは賞賛を浴びていても、天才は自殺してしまうのか。それはやっぱり『心の中にある闇』に自分が食われてしまうからや」

「心の中にある闇？」

「んだべ。でも、天才の中には〝幸せに生き抜く〟人もいるやろ。この両者を分けるものがなんなのか、それが気にならへんか？」

死を選ぶ天才と、幸せに生き抜く天才。

たしかに、この二つを分けるものはなんなのだろうか？

図17：天才を支える共感の神

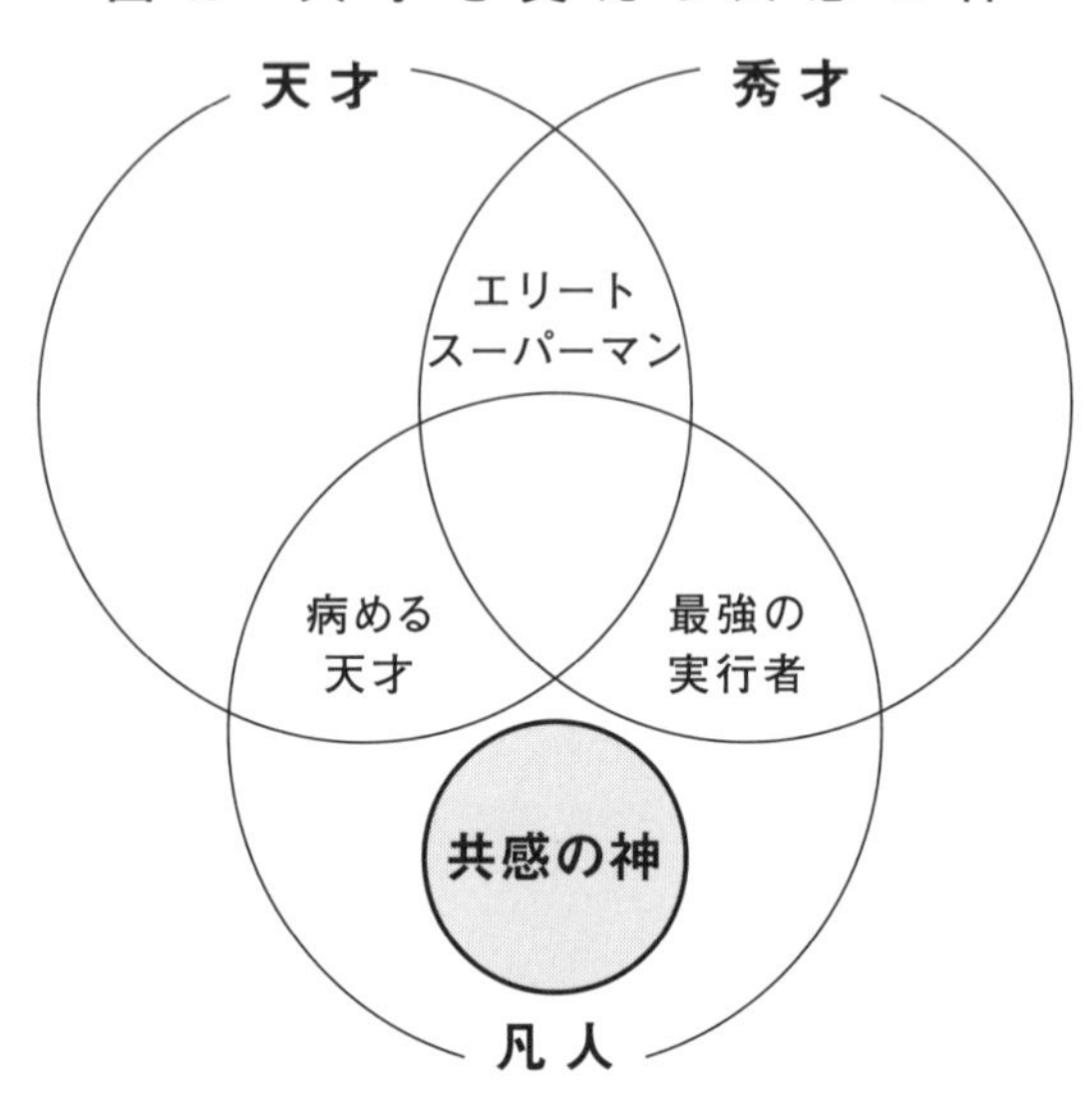


「それはな、『共感の神』と呼ばれる存在が側にいてくれるかどうか、それにかかってるんや」

「共感の神？」

「んだ。凡人と呼ばれる人の中には、『あまりに共感性が高くて、誰が天才かを見極められる人』がいる。それが『共感の神』と呼ばれる人物なんや（図17）。

共感の神は、人間関係の機微に気がつく。結果的に、人間の相関図から『誰が天才で、誰が秀才か』を見極め、天才の考えを理解することができる。イメージでいうと、太宰治の心中に巻き込まれた女、がわかりやすいやろな」

「太宰治の心中に巻き込まれた女性

……」

「多くの天才はな、理解されないがゆえに死を選ぶ。だが、この『共感の神』によって理解され、支えられ、なんとか世の中にい続けることができる。共感の神は、人間関係の天才であるため、天才をサポートすることができる」

「人間関係の天才……？」

「ほんで、実はこれ、人間力学から見た『世界が進化していくメカニズム』なんやわ」

世界が進化していく人間力学……？

## 共感の神＝根回しおじさん

「以前な、とある〝めちゃくちゃでかい企業〟のえらいさんと話したとき、面白い気づきがあった。それは、大企業がイノベーションを起こすために必要なのは、『若くて才能のある人と、根回しおじさんだ』という話やった。『天才と、根回しおじさん理論』やな」

「つまり、天才と共感の神……だと」

「んだ。言わずもがなやが、大きな企業のほとんどは『根回し』がきわめて重要やろ。新しいことやるには、さまざまな部署に根回ししないといけない」

「僕の会社でもそうです、根回しは大事です」

「だどもな、天才はできへん。なぜなら『創造性』はあるが、『再現性』や『共感性』は低いから、普通の人々を説得できない。骨が折れる。だから、天才がそれを実現するために必要なのは『若くて才能のある人物を、裏側でサポートする人物』。つまり『共感の神』と呼ばれる人物なんや」

僕は初めて聞く話に、足の痛みを忘れていた。

ケンは続けた。

「天才は、共感の神によって支えられ、創作活動ができる。そして、天才が生み出したものは、エリートスーパーマンと秀才によって『再現性』をもたらされ、最強の実行者を通じて、人々に『共感』されていく。こうやって世界は進んでいく。これが人間力学から見た『世界が進化するメカニズム』なんや」

## 才能を「信じる力」

「つまり、僕は、彼女にとっての共感の神……そういうことですか？」

「いや、ちゃう。正確に言うと、ちゃうかった。あんちゃはただの『凡人』やった。だども今、天才の抱える闇の世界に片足を入れた。秀才から天才に対する、相反する気持ちも理解した。凡人がいかにして、天才を殺すのかも見てきた。だから、本当の意味で『人間力学』を理解してきたんや」

「たしかに……以前の僕には、秀才が天才を尊敬しながらも憎む。その気持ちがわからなかったです」

「それに、おめは『共感の神』に昇格する上で一番大事な要素を持っとる。スペシャルな才能を持っている。それは人の才能を信じる力。才能を信じ抜く力や」

僕は、ケンが以前、話してくれたことを思い出していた。

「おめは一個だけ凄い才能を持ってるんや。いずれわかるときが来る」

ケンは続けた。

「ええか。今がそのときや。『最強の武器』を手に入れるんや」

## 「自らの言葉」という最強の武器

「でも僕は凡人です。才能もないです」

「ちゃう。ええか、凡人の最強の武器は言葉。その中でも『自らの言葉』や」

「自らの言葉?」

「んだ。そもそもな、言葉にはたくさんの嘘が混じっている。嘘というのは、ホンマは自分の言葉じゃないってことや。誰かから借りてきた言葉なんや」

誰かから借りてきた言葉?

それはどういうことなのだろうか。

「これは赤ん坊を想像してみるとわかりやすい。まず、赤ん坊が覚える言葉ってなんや?」

「ママとか、それとか、嫌だとか、食べ物の名前とか、でしょうか」

「それはな、全部『自らの言葉』なんや。どういうことかというと、全部、自分がやりたいことや、本能的な気持ちが先にあって、その気持ちにたまたま言葉というラベルを貼っている。ママに触れたいとか、ご飯食べたいとか、それが嫌、それが欲しいとか」

「たしかに、先に気持ちがあります」

「んだべ。だども、大人が使う言葉を見てみい。ほとんどの言葉は『他人がつくった言葉』なんや。たとえば、利益とか、会社とか、マーケティングとか、こんな言葉はそもそも、この世には存在してない感情や。会社や組織、国家という『幻想』が作り出した、便利な言葉なんや」

「便利な言葉……でも世の中には必要ですよね?」

「もちろんや。自らの言葉と、便利な言葉。この二つ、両方あって初めて、社会は回る。でもな、人の心を動かせるのは、便利な言葉ちゃう。魂を揺さぶる、自分の腹から出た言葉や。そして『便利な言葉』は、秀才の武器や。でもな、『自らの言葉』は、凡人の武器なんや。凡人こそが抜くことが許された、最強の剣、エクスカリバーなんや」

僕は、考えたことがなかった。凡人だからこそ、持つことができる最強の武器……それが、「自らの言葉」。

ケンは続けた。

「ええか、他人の言葉を捨て、『自らの言葉』という最強の武器を持て。それこそが君の才能を開花させるんや」

僕にとっての最強の武器……？

## 他人の言葉をデトックスして、白状する

ケンが、僕に言ってくれた話は面白い。でもまだ要諦は摑みきれていない。

「でも、その……どうやって手にすればいいのですか？」

「凡人が『最強の武器』を手にするには、二つのプロセスを経る必要がある。一つは『他人の言葉をデトックスすること』。誰かから借りてきた言葉を日常から完全に排除することや。もう一つは『白状すること』や」

「白状すること？」

**凡人が「最強の武器」を手にするための、二つの方法**

**1. 他人の言葉をデトックスすること。**

**2. 白状すること。**

「自分たち人間は、成長する過程で、ホンマにたくさんの鎧を身につける。難しいフレームワークや、経営用語、カッコつけた概念とかな。そういう『他人から借りた言葉』を一切使わずに、仕事の話をしてみる、これが重要や。KPIも、進捗管理も、データも、ガバナンスも、ぜーんぶアカン。NGワードやで」

他人の言葉を一切使わず、仕事の話をしてみる……考えたこともない。それで本当に最強の武器を身につけることができるのだろうか？

「経営や、利益という言葉もダメですか？」

「ダメ。当たり前や。迷ったら『小学生でも使うかどうか』で考えてみ。小学生でもギリギリ使えそうな言葉なら、OK。そうじゃなかったらNGワードや」

「つまり……小学生でも使う言葉だけで、仕事の話をしてみると」

「そしたら、気づくわ。いかに普段、ビジネスマンが『自らの言葉』を忘れて生きているかどうかを。その上で、自らのありのままを白状する。そしたら必ず人は動く。オセロの石はひっくり返る」

わからない。でも、これが自分の言葉を取り戻す第一歩なのだとしたら、とにかくやってみるしかない……。

## 「僕らは」何をすべきなのか

その日から、僕の中で、意識が変わった。

たしかに、ケンの言う通り、組織の中で人は「他人の言葉」ばかり使いながら生きている。今日のミーティングがまさにそうだった。

「数字のKPI進捗を始めます。では、営業部の予算進捗の確認から行います」

上山経理財務部長の言葉に、営業部のマネージャーが切り出した。

「まず、売上は予算に対して90%で、このままだと未達です。ボトルネックになっているのは、組織のナレッジ共有が進んでいないことです」

「どういうことだ?」

「支店ごとに仕事の進め方がバラバラで、成功事例を横展開できていません。これがあるので、営業支店によって売上のバラツキが出ています」

こうやって振り返ってみると、仕事で使うほとんどの言葉が、他人から借りてきたもののように感じる。もちろん、それはそれで必要な言葉だろう。

でも、たしかに「心を動かす言葉」ではない……。

会議は進み、僕の番が回ってきた。上山が言う。

「広報の進捗を報告してくれ」

「はい。広報、広報は……」

僕はケンの言葉が蘇った。なぜなら、「広報」という言葉すら、他人から借りてきた言葉のように感じたからだ。

小学生なら、「広報」って使うだろうか？　なんて言うだろうか？

とっさにそう考えてしまった。バカバカしい。そう思うかもしれない。でも、これまでの僕のままではなにも変わらない。僕にはケンの言葉を信じるしか道がない。そう考えると、やってみるしかなかった。考えた。

「僕らは」だ。

小学生ならきっと「広報」ではなく、「僕ら」という言葉を使う。

上山はイラついた顔をしている。

「ぼ……僕らの進捗は今、目標に対して……」

そう言うと言葉がまた止まった。進捗？　目標？　それは本当に僕の言葉だろうか？

違う。

「おい！　青野。おまえ体調でも悪いのか？　だったらさっさと帰れ」

ため息。上山が、明らかにイラついている。

失笑の声が聞こえる。

でも、変わらないといけない。いつもなら「すみません」と謝っている。でも、関係ない。必死に言葉を探した。きっと小学生なら、「僕らは今、〇〇をしています」そうやって、やっていること、これからやりたいことを語るだろう。

僕は手元に用意したメモを捨て、こう言った。

「アートミュージアムは、僕らのお祭りです」

「ん？」

会議室の空気が固まった。そして、皆が顔をあげた。上山が言った。

「お祭り？　なんの話だ、青野」

「お祭りは楽しい。ワクワクするし、ドキドキもする。それはどうしてかというと、きっと、人が好きなものがたくさん集まっているからです」

「は？　お前……」

僕は気にせず、続けた。

「お祭りはなぜ楽しいか？　そこに人がいて、楽しい出店や、踊りがあって、音楽があるから。人が大好きなものがたくさん集まって、参加して楽しい、参加した人は『楽しかった〜』『来年もまた来よう』となります。この、参加して楽しい、ワクワクするという点では、アートミュージアムも同じだと思うんです。でも、なぜか、アートミュージアムは『一度きり』で終わり、お祭りは『毎年』訪れられるものです。なぜでしょうか？」

会場の皆が、僕を見ている。

「それは『自分が参加できること』と『お祭りの終わった後』にあると気付きました」

暇そうにしていた企画部のマネージャーが、体を乗り出してきた。

「それは、参加性と余韻ってこと？」

僕は答える。

「そうです。お祭りは参加できます。着物を着たり、踊ったり、一部になれます。あるいは、お祭りの準備も皆でします。でも、アートミュージアムは、見るだけで終わりです」

「青野、いい加減にしろ！　どうでもいい話をするな」

上山が言う。すかさす企画部マネージャーが遮る。

「いや、面白いよ、青野くん。続けて」

「ありがとうございます。もう一つは、余韻です。僕が小さい頃、お祭りが終わり、静まり返り、寂しくなった会場を見ると『あぁ、この季節は終わった』『また来年だな』とよく思いました」

「うん！　よくわかるよ！」

「そして、家に帰ってもその気持ちは続きます。なぜなら、屋台で買った、よくわからない光るオモチャや金魚、そういう『お土産』があるからです。これは、旅行もそうです」

伝えたいことが溢れ出る。

「お土産は、旅の賞味期限を延ばしてくれます。家に持ち帰ったお土産を見たり、食べることで、『あのときのあの場所』を思い出せる。あるいは、誰かに渡すことで『旅行の話をするきっかけ』や『話す口実』になります。これはつまり、お土産がお祭りの賞味期限を延ばしているんです」

会議室が盛り上がっているのがわかる。さっきまでバカにしていた出席者も、僕に耳を傾けてくれている。子どもを持つメンバーの一人が言った。

「確かに。夏祭りに参加した後、子どもがよくわからないオモチャを持って帰ってきて、それを見るたびに『自分の子どもの頃』を思い出す。あれか」

「あー、わかる」、そんな声が聞こえる。オセロが一つひっくり返った。僕は続けた。

「だから僕は、アートミュージアム再生の鍵は、皆が参加できるようなものをつくること、そして、賞味期限を延ばしてくれるお土産、この二つではないかと思っています」

僕は続けた。

「なるほど！」

企画部マネージャーが言った。

※　　※　　※

会議が終わった。企画部マネージャーに声をかけられた。

「青野くん、今日のプレゼンめちゃくちゃ面白かったよ。まさに上納アンナが君に乗り移ったように見えた。それぐらいワクワクしたよ。具体的にどう進めていくのかも決まっているの？」

「いえ……実はまだなんです。すみません」

「そうか、じゃあ、ぜひうちの部と一緒に考えないか？」

「え？　いいんですか？　僕で？」

「もちろんだよ。実は俺ももともと、上納アンナの才能に惹かれてこの会社に入ったんだ。彼女がこのまま会社を辞めるのはもったいないと前から思っていたんだ」

「そうなんですか」

僕は、心が揺れた。

人生で初めて、自分の言葉で人の心を動かせたのかもしれない。そう思うと、グッときた。

「あ、ありがとうございます……ぜひ力を貸してください」

「もちろんだとも。さっそくまとめて、来週の役員会議に上げよう」

「え？　役員会議？」

「そうだよ、今週いっぱいで企画書をまとめ上げて、うちの部で提案したい。いいかな？」

「ぜひ!!」

正直、まだ自分のなにがよくなったのかはわからなかった。でも、もし今日、いつも通り話していたらこんなことは絶対起きなかった。そう言えば、ケンはこうも言っていた。

「なぜ、人が他人の言葉を使うか、わかるか?」

「なぜ……わかりません」

「それはな、楽やからや。圧倒的に。他人の言葉は便利や。自分が主語じゃないから、意思もいらない。究極的に、他人のせいにもできる。それはそれで別に悪いことちゃう。人が生きていくために生み出した、技術やからな。でもな、自分がホンマに人を動かしたいと思ったら、そんな言葉じゃあかん。自らの言葉を使うんや」

「他人の言葉では人は動かせない……」

「んだ。人の心を動かすのは『自分の言葉』だけや?　そして自分の言葉を見つけることは、決して楽なことちゃう。でもな今のあんちゃには必要なことや」

たしかに、それは決して楽なプロセスではない。でも今の自分には必要なのかもしれない。僕の中で何かが変わりつつあるのを感じた。

## 武器とストッパー

家に帰ると、ケンはこう言った。

「おめにはいろいろ教えてきた。今日は『武器』と『ストッパー』の話や」

「武器とストッパー……？」

「んだ。才能はその才能にあった『武器』があって初めて成り立つ」

### ●才能×武器

「どんな才能を持った人でも、それを表現する『武器』がなければ、世の中に伝える方法がない。たとえば、画家にとっての筆や、音楽家にとっての楽器や。そして超一流の人は必ずと言っていいほど、自分にとっての『ベストな武器』を持っている」

「ベストな武器……」

「自分の才能を最も表現しやすい『方法』、それが武器や。才能は形になって初めて、人に伝えられる。その『媒体』やな。この『武器』は、どんな才能ある人でも、絶対に鍛える必要がある。生まれながらにして、ピアノを弾ける人間はいないやろ？　それと同じや」

「なるほど……」

「ほんで、武器には組み合わせがある」

**創造性と相性のいい武器：アート、起業、エンジニアリング、文学、音楽、エンターテイメント**

**再現性と相性のいい武器：サイエンス、組織、ルール、マネジメント、数字、編集、書面、法律**

**共感性と相性のいい武器：言葉、マーケティング、SNS、写真、対話、地域**

「そして、この『武器』を理解している人は、場面に応じて『どの武器を組み合わせるか』

を選ぶ。たとえば、今は創造性を発揮したいから『アート』を使おう、再現性を発揮したいから『数字』を使おう、となし」

## 才能と武器=世の中が認知できる成果

「なるほど……」

「つまりな、早熟の天才というのは、早い段階で『自分に合う武器』を見つけた人なんや。どれだけ才能があっても、自分に合う武器を鍛えない限り、世の中は君の才能を認知できない。絶対突き抜けられない。当たり前の話やな」

「僕にとってはそれが『言葉』だったと」

「そや。そしてこれはな、もう一つの重要なことを示している」

武器よりもっと重要なこと……?

## それぞれの人の中に天才がいる

「おめ、『マトリョーシカ』って知ってるか？」

「ま、マトリョーシカ？　あの、オモチャの？」

「んだ。何度、開けても同じ形の人形が入っている。あれやな。ええか、そもそも理論とは『最小で、最大を説明するため』にある。つまり、できるだけ、シンプルなもので、たくさんのものが説明できること。これが、優れた理論であることの条件や」

「反対に言うと、例外はどうしても生まれる……と」

「んだ。だから、この『天才理論』もはっきり言って例外はある。だども、この理論の価値は、実は君自身の中にも『天才がいる』ということを気づかせてくれることなんや（図18）」

「僕の中にも天才がいる……??」

「んだべ。君の中にも天才はいる。だども、同時に『その天才を殺してしまう秀才』も『凡人』も、自分の中に飼っとる。言い換えれば『なぜ、創造的な考えができないのだろう？』

と悩むほとんどの人が、若い頃の教育の過程で、自分の中の天才を殺してしまったからなんや。今回、君はそのリミッターを外すことに成功した」

「僕の中のリミッターを外す……それは『秀才の言葉』を忘れることだったと」

「んだ。人の才能というのは、ゼロか100か、ではない。たとえば、創造性：再現性：共感性＝10：0：0というものではない。それぞれ、少しずつは持っていることがほとんどや。そしてその優劣によって『天才』『秀才』『凡人』のカテゴリーが決まる」

**（たとえば）**

**病める天才　創造性：再現性：共感性＝5：1：4**

**最強の実行者　創造性：再現性：共感性＝1：6：3**

**エリートスーパーマン　創造性：再現性：共感性＝4：5：1**

「つまり、君の中にも創造性は存在しているんや」

「なるほど……」

「でもなぜ、世の中には『天才』と呼ばれる人が圧倒的に少ないのか。それは最初に言っ

図18：それぞれの中に天才がいる

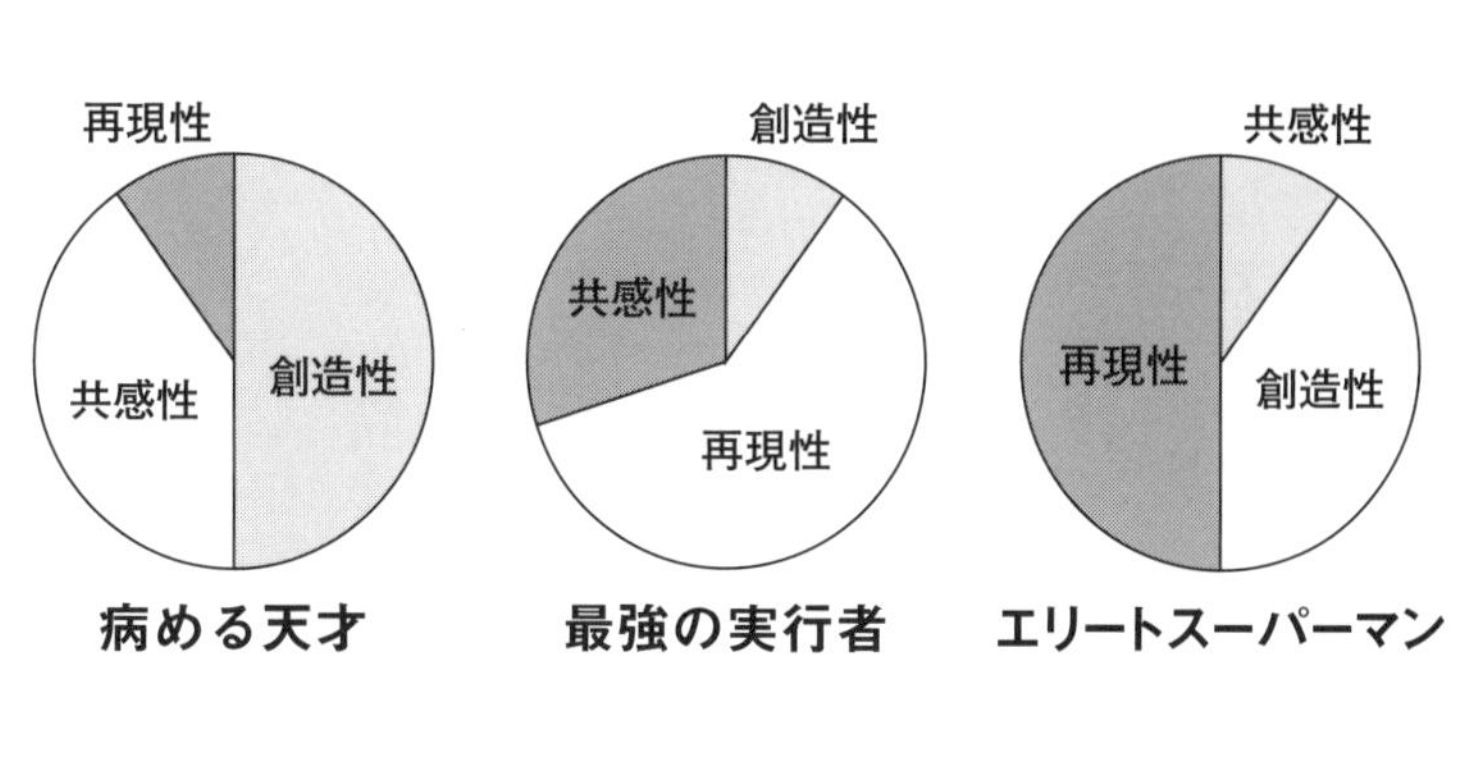


たように、『説明能力の差』によって、天才の芽を殺してしまっているからや。おめ、こんなことないか？」

ケンは続けた。

「夜中に、めちゃくちゃ面白いことを思いついてみて、メモった。明日すぐに発表してみようと思う。ワクワクする。だども、翌朝見直してみたら急に『全然筋が悪そう』に見える。結果、昨日の自分がなんかバカみたいで恥ずかしく思い、メモを削除する」

「近い経験ならあります。仕事でやってみたいことを思いついても、すぐに『でもこう言われたらどうしよう？』『でも、失敗するかも』とか考えて、結果、何もやらないことが」

「んだべ。実際、このときのプロセスってのは、頭の中で、天才→秀才→凡人の三者が、順番にポコポコ出てきているんや。君の中にいる『天才』が思いついたアイデアを、社会的な基準やロジックで『良いか悪いか』を判断するのが、秀才や。そして最後に『恥ずかしい』とか『周りからどう思われるか』と感情で判断する。結果、やっぱりやめとこう、と凡人が出てきてしまう」

僕は思い返してみた。確かに、創造性→再現性→共感性というプロセスを経ている。ケンは続けた。

「つまりな、天才とは『自分に合った武器』を手にした上で『ストッパー』を外した人間のこと。それなんや」

「でも、それでも僕はやっぱり、自分には創造性があるとは、思えないです。昨日のはマグレというか、なんというか」

「アホたれやな、おめ。これまでの話で、天才には『ストッパーとなる存在』がいることは理解できたやろ。なぜ、世の中の天才には『ストッパーとなる存在』がいることには同意できるのに、自分の中の天才には『ストッパーとなる存在』がいることを理解できないんや？　そこに理屈はあるか？」

「理屈……」

「ないやろ？　特に」

「これは……育っていく過程で、少しずつ教え込まれたからでしょうか。『自分には敵わないような天才』が社会にいる、と」

「ホンマわかっとらんな、おめ。それはそれ、これはこれで全く別の話や」

「別の話？」

「んだ。つまりな、たしかに世の中には天才中の天才がいる。彼らと君が同じ土俵で戦ったら勝てるわけない。それは事実や。やけどな、それと『君の中にも少なからず、天才がいる』。これは全く別の話や。そして人は『才能があるか、ないか』だけにフォーカスしようとする。だどもな、才能を活かせないのは、才能があるかないかより前に『ストッパーとなる存在』を取り除くことのほうがはるかに大事なんや。これが『本当の自分になるための方法論なんや』

僕は思い出していた。

「才能を信じ、活かすことの最大のメリットは、過去最高の自分に出会うこと」

この言葉の意味がようやくわかってきたかもしれない……。

## ケンとの別れ

その週末はとにかく必死だった。朝6時に起き、夜は深夜まで資料をまとめた。でも不思議と苦ではなかった。

むしろ、楽しい。久しぶりに仕事に熱中できる自分がいた。

役員会議の前日、すべての準備を終え、久しぶりに僕とケンは渋谷を散歩することにした。ハチ公の銅像は消えていた。今は「元ハチ公前」と呼ばれているらしい。

夜風が気持ちよかった。

ケンは言った。

「あんな、おめに言わなあかんことがあるんや」

「言わなあかんこと？」

「オラな、そろそろ、忠犬ハチ公に戻らなあかんのや」

「忠犬ハチ公に戻る？」

「んだべ」

「え、それって銅像に戻るってことですか？」

「んだ。んだな」

「嫌ですよ、そんなの」

「でも仕方ないんや、これは」

「だって……急になんでですか？」

「もう有給取り終わってもたからや」

「えっ？」

「有給や」

「有給？　ですか？」

「んだ。全部使ってしもうた。遊びすぎた」

僕はいろいろ突っ込みたいところがあったがスルーした。ケンは言った。

「とにかく、もう長くは一緒にいられへん。それはわかっといてくれや」

「……でも、また話せるんですよね？　こうやって」

「いや、無理や。一人1回までしかできへんのや」

「無理？　どうして？」

「才能を爆発させるってのは、凄まじいパワーがある。だからこそ、次はおめが『教える側』に回らなあかん。誰かから才能の使い方を学んだ人は、今度はそれを教える側に回る。こうやって世界は回っているんや」

「僕が教える側に回る……？」

「おめはよう育った。だからこそ、これからは独り立ちして、『才能を活かす側』に回らなあかん。これが君の運命であり、そして『共感の神』の役割なんや」

「でも……寂しいですよ……」

「新しい才能はいつの時代も必ず生まれてくる。この渋谷、この都市、この国、どこにでも、新しい才能は生まれてくる。そいつらと出会えると思ったら、ワクワクしてこんか？」

僕は下を向いた。

ケンとの別れが近づいている。そう思うだけで、胸が痛くなる。

「わかりました……」

「元気ないな、嚙むで？」

「そ、それだけは」

「じゃあ腹から声出さんかい！」

「はい！　はい！　わかりました！」

「おー、それや、それや。ええやん！　そしたら、今から家までダッシュで帰るで！」

「え〜!!」

## 事業売却

「以上です」

僕はその日、いつもよりピシッとしたスーツを身にまとい、会社に出社した。

このスーツは、5年前、創業期のメンバーが誕生日プレゼントに買ってくれた特別なものだった。

役員会議には、すべての役員が出席していた。不思議と緊張はしなかった。一通り、企画を説明すると、上納アンナが口を開いた。

「参加できることと、お土産か」

僕は答えた。

「そうです。きっとこれでミュージアムも、今より盛り上がるはずです」

「たしかに、提案は面白い。でも、実は青野に伝えないといけないことがある」

「伝えないといけないこと？」

「TAMは、正式に事業を売却することになった」

「え？」

僕は耳を疑った。

「なんで、ですか？」

「実は、メインのスポンサーのA社から『今期で契約を止める』という話があった」

CFOの神咲秀一が続ける。

「知っていると思うが、ミュージアムの売上は、入館料やグッズ、スポンサー料によって成り立っている。そして、我々のミュージアムがギリギリ今の赤字で耐えられていたのはA社のスポンサー契約があったからだ」

「それは、はい、知っています」

「A社がスポンサーを降りれば、TAMはさらに巨額な赤字を垂れ流すことになる。我々としてはそれをどうしても防ぎたい。だから、この半年粘り強く交渉してきた。だが、結果はNGだった」

「そんな……急に」

「その代わり向こうが提案してきたのが『事業の売却』だ。つまり、スポンサーを降りて潰されたくなかったら、ミュージアムを売れ、という話だな」

「え？　売るか、潰すか、二択を迫ってきたわけですか？」

「そうだ。だが、実はこの手法は、大きな会社が小さな会社を買収する際にはよく用いる手法、つまり資本主義の世界ではよくある話だ」

こういう話だった。大きな企業が小さな企業を買収する際に、計画的に発注金額やスポンサー料を年々増やしていく。0・5億、1億、2億、4億、8億円というふうに。当然、小さな企業は一時的には利益が増える。だが、これは実は「買収のための策」であり、ある日突然、「すべての取引」を止めるという連絡が来る。

小さな会社は困る。というのも、その時点で大企業の売上がなくなると「倒産するほど」固定費が膨らんでしまうからだ。大企業はそのタイミングで「買収」の提案をする。すなわち、発注量を信じられないほど急激に増やしたのは、「何年後かに買収するため」の種まきだったわけだ。

神咲は続けた。

「つまり、TAMは3年前にスポンサー料をあてにし始めた時点で売却せざるを得ないことが決定していた。我々は絶対に負ける。そういう運命だったんだよ」

「ひどすぎます……」

「どこがだ？　むしろ当然の話だ。市場に出回らない製品やサービスはいずれ、淘汰されるべきだ。資本主義の原則だ」

僕は下を向き、こう言った。

「……神咲さんは悔しくないんですか？」

「悔しい？　なんだ、その気持ちは」

サイコパス。神咲秀一をそう呼ぶ社員がいることを僕は思い出した。彼は続けた。

「むしろ我々にとっては好都合だ。今回の売却で、我々は止血できる。加えて、ミュージアムの名前は今のままで踏襲できる。つまり、広報効果も残すことができる。我々としては願ったり叶ったりな提案なんだよ」

「でもミュージアムに勤める社員はどうなるんです？」

「どうなる？　ただのアルバイトだろ。辞めたければ辞めればいい。関係ない話だ」

「そんな……彼らは仲間なのに」

僕は、上納アンナのほうを見た。彼女は何を考えているのだろうか？

「アンナさんは、どうなんですか？」

「私も、賛成している」

「賛成？　なんでですか？」

「神咲はそう言ったが、むしろ逆だと私は思っている。TAMは、常時200人が働いている。もしこの提案を受け入れなければ、本当に彼らの雇用を守れない。青野、そうは思わないか？」

僕は頭がこんがらがってきた。

経営は意思決定の連続という。

まさに僕には見えていない世界が彼らには見えている、そういうことなのだろうか。

「共感性による意思決定は、危うさも持つ」、以前、ケンが言った言葉を思い出した。

「提案は以上か？」

神咲秀一がそう言うと、会議は終わった。僕の提案は届かなかった。

後日、ケンはこう言っていた。資本主義の世界では、再現性＞共感性であり、家族経済の世界では、共感性∨再現性である、と。

## 「お前がいたから今の自分がいる」

僕は、オフィスの屋上から、街を見ていた。

風が気持ちよく当たる。

結局、僕の提案は通らなかった。でも、不思議と後悔はなかった。

この半年間、後悔なく働いた、そう感じていたからだ。仕事にガムシャラに打ち込むなんて、創業期以来だった。


「青野」

振り返ると、そこには上納アンナがいた。僕らはベンチに並んで座った。

「あのな、青野に言わなければならないことがあるんだ」

「僕もです」

「そうなのか、なんだ?」

「実は、僕、会社を辞めようと思っています」

「え？」

「今回の件で確信しました。きっと僕がやるべきことは、この会社では終わったのだと思いました」

これは正直な気持ちだった。

おそらく、僕は「共感の神」と呼ばれる存在だ。天才を早くから見つけ、彼らを助ける。それが僕の使命であり、役割なのだと思う。でも、この会社ではその役目はもう求められていない。

「ずっと、アンナさんを応援すること、支えることだけ考えてきた10年でした。でもきっと、その役割はもう終わったんです。アンナさんも、この会社も十分大きくなりました」

アンナは少しだけ悲しそうな顔をして「そうか」と呟いた。彼女は続けた。

「次は決まっているのか？」

「いえ、まだです。でもきっと、どの時代、どの場所にも新しい才能は生まれてきます。そのとき、まだ誰も気づいていない才能を見つけ、支え続ける。それをしたいです」

「なんだか、青野らしいな」

「ありがとうございます。アンナさんの話は？」

「ああ、私の話か。それはいいんだ、別に。それより、伝えたいことがある」

「？」

「今まで本当にありがとうな」

僕は泣きそうになった。これまでずっと支えてきた彼女と別れなければならない。でもそれはきっとネガティブな別れではない。前向きな話だ。僕は涙をこらえた。

「僕のほうこそ、僕のほうこそ、ありがとうございました」

彼女は続けた。

「私は、お前がいたから、今の自分がいる。その恩だけは絶対に絶対に忘れない。私を見つけ出してくれたのは、間違いなく青野、あなただ」

## 季節はめぐる

10年後――。
「それでは次の方どうぞ」

そう言うと、会議室の扉が開き、真新しいスーツの若者が入ってきた。

「自己紹介をどうぞ」

「私は、慶應義塾大学の〇〇と申します。大学時代は、テニスサークルに所属し……」

結局あの夜、ケンは消え、元の銅像に戻った。自宅に帰ると「帰るワン」とだけ書かれた手紙が置いてあった。

そして、上納アンナはあの年の末に代表を退き、翌年には会社を辞め、すぐにもう一度起業した。その会社も7年で上場するほどに成長した。

僕はというと、新しい会社で、人事兼広報をしている。今の会社の社長に一目惚れして、社員5名の会社に飛び込んだ。

今は、300名になった。


「それでは、次の方、自己紹介をどうぞ」

面接官が言うと、いかにも〝オタクっぽい〟青年はこう言った。

「ぼ、僕のことを知るには、これを見てください」

青年は鞄から何かを取り出した。それはメガネだった。青年は言った。

「このメガネは『言葉をうまく話せない人』や『シャイで内向的な人』のためのメガネです……」

「は、はあ？」

面接官は怪訝な顔をしている。

「自分の考えていることを、このレンズの色を通じて、相手に伝えることができます……ぼ、僕みたいにシャイで内向的な人のために作りました」

面接官は詰める。

「それって、どれぐらいのニーズがあるわけ？　市場規模は？」

「し、市場規模ですか？」

「そもそも、面接の場で、なんで君、スーツじゃないの？　そのメリットとデメリットを教えてくれるかな？」

「え、えっと……」

若手の面接官は〝ダメだな、これは〟という顔をして、僕のほうを見てきた。僕は面接官を制止し、学生のほうを向き言った。

「面白いね、もっと話、聞かせてくれるかな？」

「え……？」

「すごく面白いです、もっと聞かせて」

窓から見える桜の色は、あのときと同じだろうか。

「は、はい！」

青年の顔が笑顔に変わった。


（終）

# 解説

## なぜ、ストーリー形式を選んだのか

本編に出てくる「キャラクター」は、すべて、いずれかの役割を持って出てきています。
あなたは、どのキャラクターに最も近く、そして、憧れたでしょうか？

上納アンナ……天才。病める天才。
神咲秀一……秀才。エリートスーパーマン。
上山……秀才。サイレントキラー。
横田……凡人。最強の実行者。
青野トオル……凡人。共感の神。
ケン……天才。すべてを理解する者。

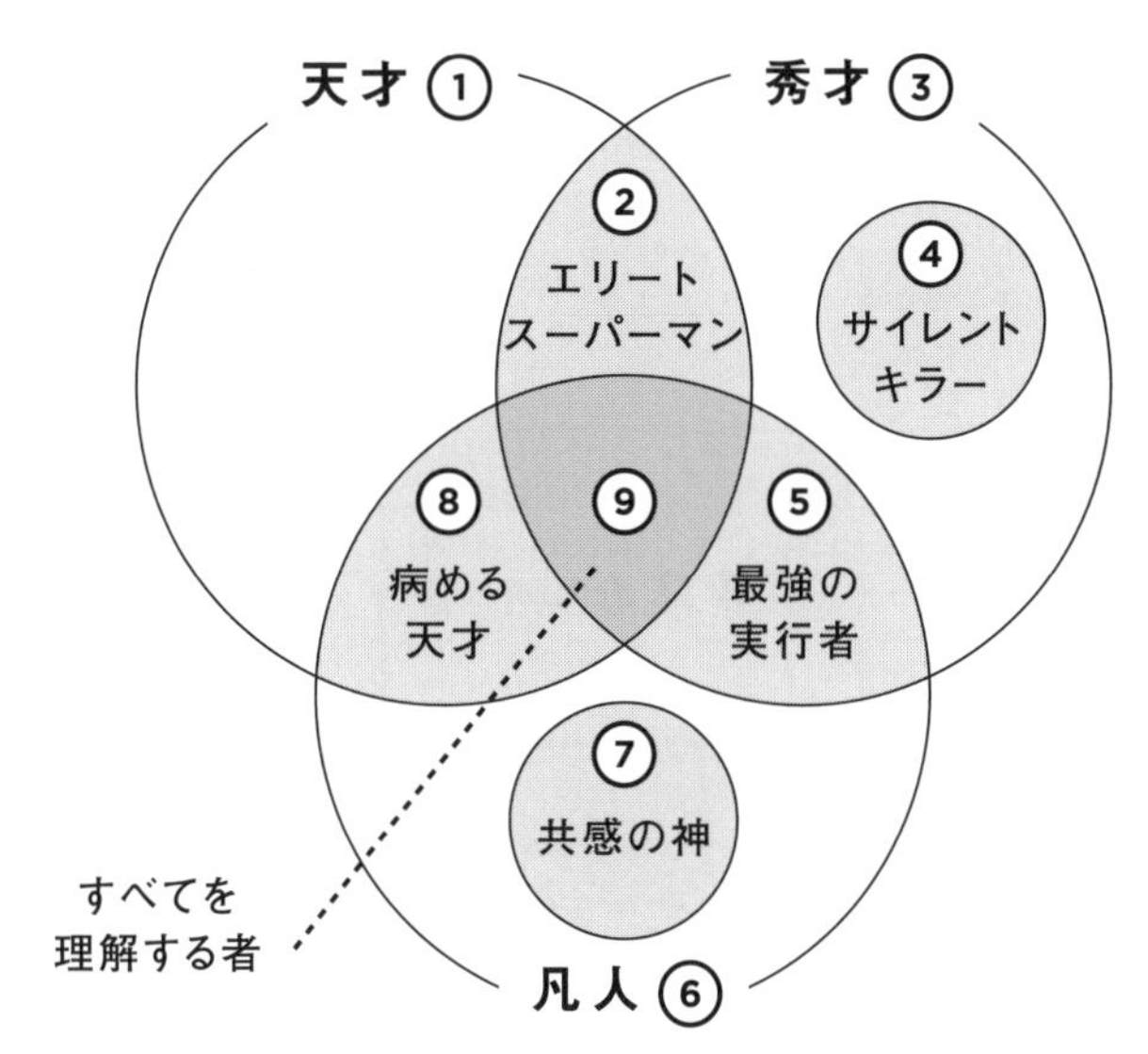
本書の登場人物
天才①
秀才③
②
エリート
スーパーマン
④
サイレント
キラー
⑧
病める
天才
⑨
⑤
最強の
実行者
⑦
共感の神
すべてを
理解する者
凡人⑥

# 本書の登場人物

## 天才

「創造性」に価値を置く人種。しかし、「人への共感」「説明力」が弱く、「多数決の力」で殺されることも多い。

## 秀才

組織やチームに「再現性」をもたらす天才の相棒。ただし天才への「強烈なコンプレックス」があることも……。

## 凡人

人々の気持ちを理解し、サービスや会社への「共感を生む力」が強い人。ただイノベーションを殺す存在にもなる。

## エリートスーパーマン

「高い創造性と論理性」を兼ね備えるザ・エリート。投資銀行などに存在。共感性はゼロに近い。

## 最強の実行者

何をやってもうまくいく「極めて要領の良い」人物。結果多くの人を巻き込める。最も「モテる」存在。

## 病める天才

一発屋のクリエイタータイプ。凡人の気持ちを理解する優しさを持つが、「再現性」がなく、ムラが激しい。

## サイレントキラー

秀才の亜種。「ロジックと効率」を武器に、ひそかに組織を蝕む。とても厄介な存在。

## 共感の神

凡人タイプの究極進化系。「あまりに共感性が高くて、誰が天才かを見極めること」ができる稀有な存在。

## すべてを理解する者

創造性、再現性、共感性のすべてを兼ね備えた存在。

私ごとですが、ビジネス書を、ストーリー形式で書くのは今回が2回目になります。

この「ストーリー形式」のビジネス書は、通常、リスクを抱えます。なぜなら、読者の中には、手っ取り早く「ノウハウ」や「結論」だけを手にしたいと思っている人もたくさんいるからです。

それでも今回、あえて「ストーリー形式」にした理由は、二つあります。

一つは、才能論をただの「占い」にしたくなかったからです。世の中には数多くの「自己分析ツール」や「才能に関する本」が存在しています。

ただそのほとんどは、アインシュタインなどの科学者か、マイケル・ジョーダンなどのスポーツ選手を事例にしたもの、あるいは、スティーブ・ジョブズなど、「ビジネスや、現実世界とはほど遠い天才」のみを事例にしたものばかりです。

結果、読んでいて面白いものの、「実際のビジネスの場」でどのように使い、どう活かせばいいのか？　が、いまいち、わからない。

そこで、多少強引にでも実際のビジネスシーンに落とし込むことで、普段、三つの才能がどうやって活かされているのか？　をイメージできるように目指しました。これが一つ目です。

二つ目は「才能」をできるだけ、シンプルに伝えるためです。

本書は才能を大きく三つ、創造性、再現性、共感性に分けました。一方で、世の中にある「自己分析ツール」や、「才能に関する本」は、その才能の種類が20から30以上に分類されていることがほとんどです。

それはそれで「占い」のように、自分を知るためには良いツールなのですが、実際、どうやって「仕事に活かすのか？」には、相当高いハードルが存在します。

たとえば、私はこういう自己分析ツールを使うと必ずと言っていいほど、「感受性が強い」「好奇心が強い」という結果が出ます。これはおそらく事実なのですが、一方で「じゃあそれを、ビジネスの現場で具体的にどう活かせばいいのか？」「才能の種類が多すぎてよくわからない」という疑問が湧きます。

組織が何かの理論をもとに変わるためには、まず「共通言語」を持つ必要があります。

たとえば、人事評価がわかりやすいですが、「彼はグレードXの中で評価はA＋」など、共通のわかりやすい言語がなければ、ディスカッションするのはきわめて難しい。その際に重要なのは「シンプルさ」だと私は思います。

20や30もあると、簡単には覚えづらく、相当なコストをかけないと「共通言語」にはなりえません。何より私自身が実務家でもあるため、このことは痛感していますし、言い換えれば、理論は「超シンプルなもの」でなければ、実行力は弱いわけです。

もう一つ、才能をシンプルに伝えるための工夫として「職種とフェーズ」という概念を用いています。

本文にあるように、すべての仕事は、「作って、整えて、販売する」という三つの要素が絡んでいます。この三つの要素に基づき、才能をひもづけることで、例えば、創造性が「どのフェーズのどういう仕事で役に立ちやすいのか」？　再現性はどうか？　共感性はどうか？　というのをできる限りわかりやすく整理したつもりです。

この結果、たとえば、

創造性が強い人は、新規事業、新規開拓といった部署や会社のフェーズが合う。

再現性が強い人は、管理部門、マネージャーなど、組織が拡大していたり、利益改善が必要とされる部署のフェーズが合う。

共感性の強い人は、営業、マーケティング、広報、人事など、多くの人に製品を広げる仕事のフェーズが合う。

——といったことが推測できます。そして、この背景にあるのは、仕事とは「職種×フェーズ」である、という考えです。

## 仕事とは職種×フェーズ

私は職業柄、いろいろな人の就職や転職の相談を受けます。その中で、

「私はアイデアに自信があるので、企画職がいいです。営業職は苦手です」

あるいは、

「僕は行動力に自信があるので、営業職がいいです。管理系の仕事は無理です」

という声があります。これは実は、真実の一部しか、見られていないと思うのです。その理由はシンプルで、どの仕事にも「作って、整えて、広げる」というフェーズが存在しているからです。言い換えれば、仕事とは「職種×フェーズ」なのです。

たとえば、営業職一つとっても、大企業の営業と、ベンチャーの営業職では求められるものが全然違います。

前者の営業職は、文字通り「定型化されたものを売る」仕事です。ですので「実行力」が一番必要でしょう。

一方でベンチャーの営業職は、どちらかというと「新しいものを作りながら、どう売るか」という視点を求められます。というのも、市場にそこまで浸透していないものを売るので、クライアント先からもらった「フィードバック」を活かしながら、文字通り「売り方も、製品も作っていく」わけです。

このように同じ職種でもフェーズが異なれば必要な才能は異なります。

あるいは、マーケティング職でも同じです。画一的な手法がもうでき上がっている会社において、求められるのは「創造性」ではなく、むしろ、広げる部分、つまりオペレーション能力です。あるいは、経理だからといって、クリエイティブな力が全く必要ではない、とは言いきれないのです。

もちろん、職種によって大小はあれど、どんな仕事にも大なり小なり実は「創造性」と「再現性」と「共感性」が必要なのです。

そして、往々にして、「仕事が楽しくない」でも「やりたいこともわからない」という人は、このフェーズによるズレを認知していないのです。それぐらいこの「フェーズのズレ」は、見落とされがちなものなのです。

## 誰の中にも「天才」がいる

では、なぜこのような認識のズレが生じるのでしょうか？

それは「才能への過度な思い込み」と「創造性を殺す人の存在」だと私は思います。

一つ目は、私たちは普段、生きていく中で「才能がある人は自分とはかけ離れた、特別な存在」だと無意識に思っているのではないかということです。

テレビや、雑誌、メディアでは常に「成果を出した後の天才」の話がフォーカスされます。もちろん、彼らの努力や、苦悩も描かれますが、それはほんのごく一部だけです。

ほとんどの天才は、成長の過程で「共感の神」に支えられ、加えて、後天的に「鍛え抜かれた武器」や「活躍の場」を手にして初めて、輝きはじめます。ですが、そのプロセスをすべて正確に理解することは、よっぽどのマニアでない限り、できません。

結果、独創的な考えは、ごく限られた一部の「天才にしかできない」という認識が生まれるのだと思います。

もう一つは、創造性を発揮しようとする人に厳しい世の中、というのがあると思います。特にこの国では「新しいこと」や「他の人と違ったこと」をする人に対して、必ずしも、ウェルカムではありません。もちろん、ある一定レベルまで行くと「突き抜けた杭」として認識され、歓迎されますし、たまたま、幼少期に「共感の神」と呼ばれる、才能を見抜く人と出会えた人は別です。

ただ、彼らは本当に幸運です。ほとんどの人は「新しいこと」をしようとしたときに、周りからの攻撃にあってしまうことが多いのではないでしょうか。その結果、「新しいことをするのは損である」と学習してしまい、創造性の芽を絶やしてしまう。

こういう構造にあると考えます。ただ、これは学校教育が「再現性」と「共感性」をベースに学ぶ場所である限り、どうしても改善しにくい面があります。

## 日本の現状そのもの

普段、大企業とベンチャー、両方を横断的に見ている者として、今の日本は「フェーズが変わった」と痛感します。

図 21：「天才の時代」から「秀才の時代」へ（図2再掲）

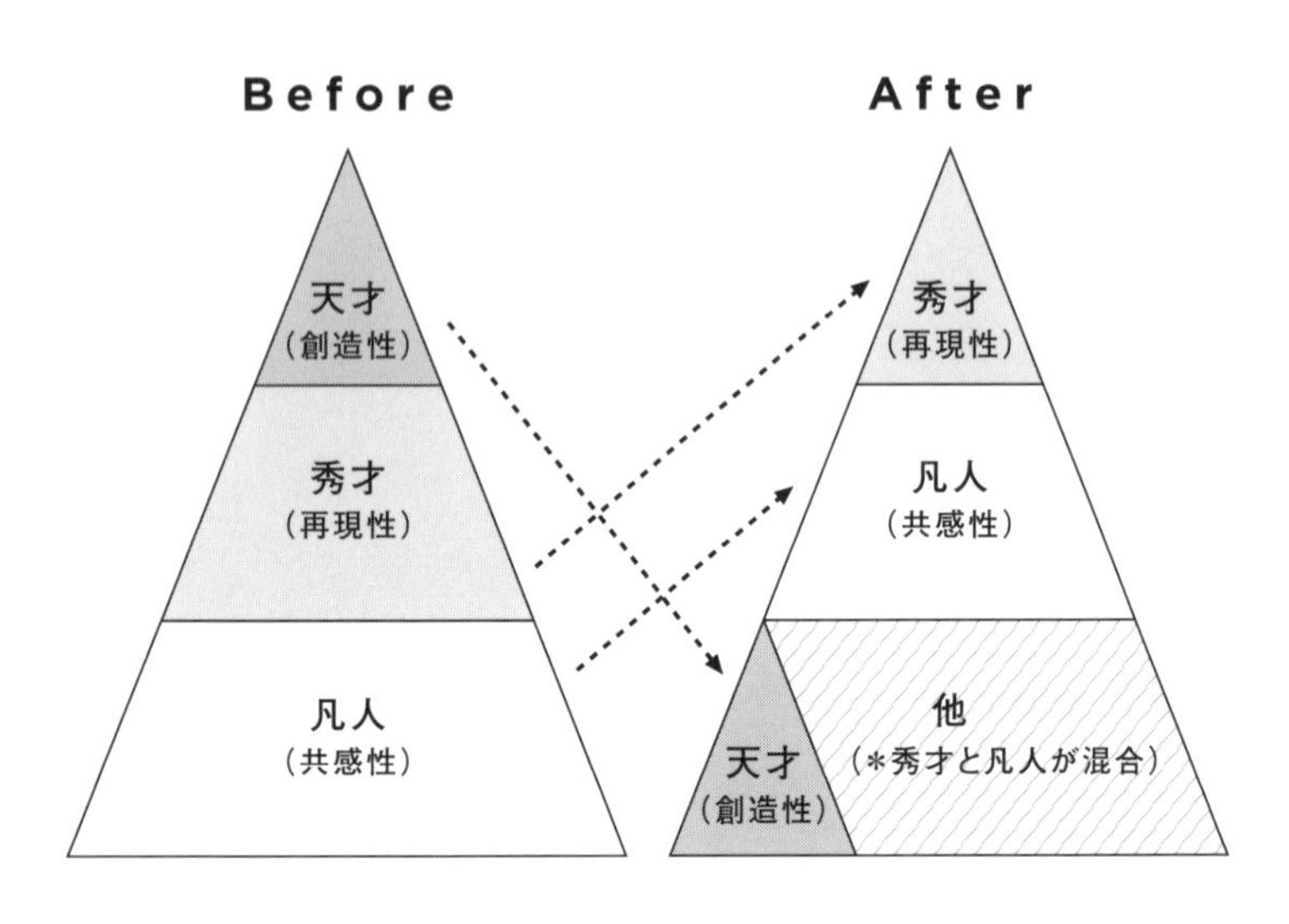


それは世代間のバトンタッチとでもいうのでしょうか。

高度経済成長期に、経済を引っ張ってきた「天才たち」は歳をとり、引退し、そのバトンは「秀才たち」の手に渡りました。

結果、今のこの日本は、ある意味で「秀才が天才をどう扱うか」によって組織の運命が決まる時代に突入しました。

彼らがもしも、天才へのコンプレックスを克服し、「サイエンスの正しい使い方」をマスターしていれば、組織は復活を遂げる。一方で「再現性」のもとに、自らの保身に走ってしまうと組織はイノベーションを起こせず、腐敗や不正の渦に巻き込まれていく。

その意味で今の企業に必要なのは「サイエンスを正しい方向で扱える高い教養を持った秀才」と「共感の神」、そして、新たなことを作る「天才」の三者だと思うのです。

この物語では、青野という「共感の神」によって支えられた、上納アンナという「天才」がかつて活躍していた時代から、神咲秀一という「秀才」に経営がバトンタッチされます。

つまり、二人の役割は終わり、もう一度「新しいことを作る旅」に出かけるわけです。まさにこれは、日本の大企業がイノベーションに苦しむ中、そこから抜け出した若者たちが新たに起業をし始めた、日本の現状そのものだと感じます。

言い換えれば、この本は、日本の組織が抱える問題をギューっとエッセンスだけ濃縮し、「90分で読める物語」にすることを目指したものなのです。

## イノベーションを求められているのは、出版業界自身では？

最後に。この書籍の原文となるコラム（「凡人が、天才を殺すことがある理由。」）は、公開後瞬く間に拡散され、議論を巻き起こしました。

その過程で、数多くの著名人から賞賛のコメントをいただきました。例えば、アスリートの為末大氏、元マイクロソフト日本法人代表取締役社長成毛眞氏、コーン・フェリー・ヘイグループのシニア・パートナー山口周氏、マンガ『左ききのエレン』の原作者かっぴー氏など、本当に数多くの著名人からコメントが寄せられたのです。

この反応を見たとき、私はとても勇気付けられました。

そして、私の中の血が騒ぎました。

「この考えを実践してみたい」

「この理論を、出版業界そのものに当てはめるとどうなるのか？」

と。というのも、この理論が正しければ、出版業界そのものも今、まさに「天才から秀才にバトンが渡る時期」に突入する頃合いだと感じたからです。言い換えれば、「イノベーションが求められている時代」です。

だとしたら、この書籍をまさに実験台にして、新しい本の作り方を発見できないだろうか？　それがこのマーケットを変えるフックになるのではないか？　と当時の私は考えました。

私はスニーカーのまま、すぐさま渋谷から大手町に向かいました。そして、この書籍の出版社である、日本経済新聞出版社の編集者に直談判しました。

そして生まれたのが、この本に付いている「付録」の部分です。

通常、書籍というのは、情報がきわめて一方的な矢印になりがちです。著者と読者の間には、明確な「→」が存在しており、著者は情報を発信し、読者はそれをただ受け取るだけです。書籍やテレビなど旧来型のメディアはいつまで経っても「一方向のメディア」です。

しかし、今の時代、人々は明らかに「参加できる余白のあるメディア」を求めています。これはフェイスブック、ツイッター、インスタグラムなどを見れば明らかですし、そこまで行かなくても、ユーザー参加型のウェブメディアが勢いを伸ばしていることからわかるでしょう。

そこで、新たな本の作り方として、本書の巻末に、ブログ「凡人が、天才を殺すことがある理由。」を読んだネット上の読者の感想を、ほぼそのまま載せることにしました。つまり、読者が「参加できる書籍」を作ってみたわけです。

ぜひ、皆さんが感じたことと「他の人がどう感じたのか？」をつき合わせてもらうことで、本書を二度楽しんでいただけたら嬉しいです。

# あとがき

「なぜ、この本を書いたのか？」

と問われたら、私はこう答えます。

「人の可能性を阻害するものに、憤りを感じるから」です。

私は誰かが新しいことにチャレンジするときに邪魔をしたり、足を引っ張ったりする人や、ものに対して猛烈な怒りを感じます。

世の中には、国籍や、職業、生まれなど、「その人のせいではない理由」だけで、足を引っ張られていることがまだまだ山ほどあります。私は小さい頃から、そういう環境やシチュエーションを見ると、憤りを感じていました。その背景にあるのは、「人や自分の可能性を信じたい」という未来への執着だと思います。

言い換えれば、この本も、次の本も、私が書く作品はずっと、

**すべてのプロセスにいる、今挑戦しようとしている人に捧げる本**

なのだ、と思うのです（前作『転職の思考法』もそうでした）。

あなたの大切な親友が新しいことにチャレンジしようとしているとき、家族が目標に向かって頑張っているとき、大好きな人が新しい一歩を踏み出すとき、その先には目に見えない多くの苦悩や障害が存在しています。でも、もし、その挑戦を一緒に応援できる書籍があったとしたら、とっても素敵なことではないでしょうか。そのためにこの本は生まれました。

もし、本書が面白ければ、あなたの周りにいる「新しい挑戦をしようとしている人」に、そっと紹介してあげてください。それだけで救われる人がきっといるはずです。

さて最後に、本書を執筆するにあたって、本当に多くの方に協力をいただきました。まず、前作に引き続き力を貸してくださった、長谷川嵩明氏、寺口浩大氏、岩崎祥大氏、片見斗希生氏、津倉徳真氏、本当にありがとうございます。引き続き、同年代の仲間として力を貸してください。次に、今回から新たに協力をいただいた、代麻理子氏、鄒潮生氏、押切加奈子氏、篠原舞氏にも、深く感謝いたします。皆さんのポジティブで前向きなエネルギーや知恵を今回お借りしました。

また、ブログへの感想をいただいた皆様にも、この場を借りて改めて御礼申し上げます。皆さんの協力があって初めて、この書籍は完成しました。熟練の編集者である桜井保幸氏には、若い私にこんな素敵なチャンスをいただきました。また、かねてより為末大氏にもよき師匠として常にアドバイスをいただいています。深く感謝いたします。

最後に、これまで支えてくれた家族と、普段から応援をくださっているすべての方々に感謝します。今の自分がいるのは本当に、皆さんのおかげです。

北野　唯我

## 根回しおじさん的なことをやっています

まんのーま

会社員（53歳）

凡人が天才を殺す理論にとても共感しました。入社して30年間、開発部門にいました。個性的な人、尖った人、思いのある人が上司との人間関係や開発中止によって転職していくのが、本当に悲しかった。

3年前から会社の組織風土を変革する部門へ異動になり、根回しおじさん的なことをやっています。

社内の面白い人、パッションのある人を発掘して、理解ある役員とつながって対話してもらう活動を裏稼業でやっています。

人の成長段階で、過ぎないと理解できないこと、創造できないことがあります。それに気づいた人は、根回しおじさんになれるし、気づかない人は、天才を殺す人になるのかな。と、自分の人生経験から感じました。

本の出版を楽しみにしています。

日本にイノベーションがたくさん生まれる社会になることを心から願っています。

「ブログ」と「感想」はP.270
から始まっています

## 目から鱗だった

**岩崎祥大**

弁護士（30歳）

- 相対的な「評価」の違いより、絶対的な「軸」の違いの方が深刻なコミュニケーションの断絶（平行線）を招くというのはその通りだなと感じた。多くのコミュニケーションの断絶は、この視点を持っていないと平行線のまま永遠に解消されない可能性があるので、この視点を提供したこと自体でこの記事に大きな価値があると感じた。
- 大企業のイノベーションを阻害する原因が、「3つの軸を1つのKPIで測る」ことにあるというのは、まさにその通りだと感じた。
- 天才・秀才・凡人の間に優劣を付けるのではなく、天才を活かすためには凡人である「共感の神」の助けが必要であったり、それぞれが役割を持って共存できる結論になっている所に優しさがあり素敵な記事だと思った。
- 天才を活かす具体的な方法や、自分がどのタイプか分析する方法、自分の目指すタイプに近づくための方法については（当然ながら）記事内では詳細に触れられていないので、本でその辺りのことを学びたいと思った。

参考になれば幸いです。

## 私も「天才」を殺していたかもしれない

**鄒 潮生**
株式会社TIXA ITEX CEO（31歳）

私も、天才を殺すことに加担してきたのかもしれません。

この記事を読むと、「天才を殺してはならない。イノベーティブな組織でいるために、エキセントリックでまともな仕事ができない人間を糾弾せず、彼らをサポートする"共感の神"でありたい」と思えました。

しかし、現実では天才に天才というタグはついていません。

「いやこいつは天才ではなくただの変なやつ」と断じ、他の秀才・凡人からの攻撃から守らないだけでなく、自身も攻撃してしまうことすらあります。

ふとしたときに、あれ、いま、天才を殺すことに加担したのかも、と寒くなります。

独立して、今はまだ小さな組織なので同じ悩みには直面していませんが、「凡人が、天才を殺すことがある」ということを忘れずに歩みたいと思います。

そのため意思のある「誰か」が意図的に①と③に変化を与えることで理想とする社会の実現を図ることが現実的だと考えます。
①について
天才は孤独です。いままでの短い人生経験で私が「天才」だと感じた人間たちは常に理解されず孤独でした。凡人の私が理解を示そうとも本質的な孤独を解消はできません。なぜなら凡人の私には天才の本質的な理解はできないからです。

裏を返せば本質的な孤独を理解できる人間同士が寄り集まれば、マシになる。つまりは天才同士の交流の場を作れば、本質的な孤独の軽減ができるのではないかと考えます。
③について
共感の神の増産についての方法論です。

私が1社目の大手証券会社にいたときに出会った共感の神に共通する素養は共感性の高さに加えて「諦める力」だったと思います。

自ら所属する組織の中で勝つことを諦め、天才に与する。そんなことができる人間です。

しかし一人の人間として勝ちを諦めるためには、自らの分限を知る必要があります。

分限はなにかをやり切った経験がないと知ることができないとも思います。

つまり、凡人は凡人なりに自分の才能にあった場所に配置され、そこでやり切ることで、初めて自信がつき「この天才に負けてもいいや」と考えられると思うのです。

そのための凡人の適所への配置が必要だと考えます。

【結論】
- 天才同士の交流
- 凡人の適所への配置

【最後に】

以上が私の考える天才を生かす方法論です。

あげることができるとしたら、それにはめちゃくちゃ強い思い入れがある。自分もどちらかというと「日本社会の不適合者」だからだ。

→1つ目の提言を支える北野さんのストーリー

- 成長産業へ、優秀な人を紹介すること

→イノベーションを起こす具体的な方法論

上記から理解するに、「天才を適所に配置しイノベーションを起こしやすくする」だと理解しています。

これが間違っている場合は、以下無視していただいて一向にかまいません。

そのためにできる方策を下に記載します。

【方法論】

天才が殺されてしまう背景の改善には、天才秀才凡人それぞれに罪があることを認識する必要があります。

①天才の罪……秀才と凡人を巻き込みきるまでの実行力がなかったこと、また自ら物理的精神的死を選んでしまったこと

②秀才の罪……頭では「こいつにはかなわない、生かしておいたほうが社会のためだ」と思いながらも、自らの利益のために天才を攻撃してしまう点（能動的、消極的どちらも）

③凡人の罪……共感の神を増やせば天才を生かせる確率が高まるが、天才を見分けられない時点で凡人各々には罪はないと考えます。つまりは凡人の罪は社会全体の罪です。

①、②、③の中で、最も変えにくいのは②だと思っています。

なぜなら②の秀才の罪は「自覚がある行動」であり「社会の中ですでに力を持っているから」です。

この層は自らの利益を考える能力と実行力が高いがゆえに容易には自らの行動を変えようとしないため、天才を生かすためには改善しにくい点だと認識しています。①と③に関しては無自覚な状況が多いと考えます。

まずこの時点で自然発生的には社会構造は変えにくいと思います。

## 「秀才の罪」が一番対処しにくい

**桐原有輝**
フリーランス（31歳）

天才を生かす方法論として私が述べたいのは２つ

- 天才同士の交流
- 凡人の適所への配置

です。

北野さんの記事は素晴らしいと思います。しかしそれが「みんなで意識を変えようね☆」で終わってしまうことがもったいないと思い投稿します。

前提→問題定義→方法論→結論→最後に　の順に記載します。

【前提】

感想の前提として、私は凡人です。

共感力はかなり高いと自認していて、天才を見分けられるとも思っています。「共感の神」に分類されるでしょう。

【問題定義】

まず再確認として、北野さんが何の意図を持ってこの記事を執筆したかを明確にしたいです。

文章内から読み取れるキーワードは、

- 結論をいうと、「それでも僕は（天才は）必要だと思う」と考えます。なぜかというと２つの理由があります。それは「人口増加による要請」と「経済システムの失敗を調整するため」です。
  →イノベーションの必要性、即ち天才の必要性
- マイノリティへの支援には強い思い入れがある。この世界、特にこの国は、天才と呼ばれるような「他の人と少し違う子」は断然生きにくい。そして僕がもしも、彼らの才能を正確に理解し、背中を押して

## 企業は「最強の実行者」を採用しようとする

スズアヤ
機械設計エンジニア（32歳）

大変興味深く、読ませて頂きました。

これまでの社会人人生のなかで、「天才」に属する方にお会いした経験がないのですが、逆に「秀才」・「凡人」からなる組織で仕事をする立場として、「最強の実行者」が、秀才と凡人の境界を行き来出来ることで、会社のなかでエースと呼ばれる存在である点は非常に共感できました。「高学歴≠仕事のパフォーマンス」とよく言われ、自分自身も働くなかで同様に感じていましたが、それは高学歴（秀才）だったとしても、共感性をもって凡人の領域にも足を運べないと、大多数を占める凡人によって評価されないのだなと納得しました。

また、採用活動において、大企業ほど、高学歴（秀才）を採用しようとし、さらに求めるスキルに「コミュニケーション能力（共感性）」を挙げることは、この「最強の実行者」の採用確率を上げようとしているのだなと感じました。

ただ、その結果として、秀才と凡人のエリアにいる人間だけが評価の対象となり、そもそも天才が入り込めない状況になる。偶然に天才が入社できても、数多くの秀才によって、天才が自由に能力を発揮できないような社内制度（ロジック）が組まれてしまっている。そうして組織は、創造性を失い、既存事業の継続のみとなって衰退に向かう。そんな流れが組織の巨大化とともに発生しているのだと感じました。

社会を運営する（ことを容認する）大切さを、明確に見渡せないからこそ出来ていない現状に対する示唆がこれであり、その手始めに、絶対少数である天才役を「わからない」を理由に排斥しようとしないでくれという叫びだ。

---

## 2軸の交わりが大切

**押切加奈子**
ブックカフェ店長（32歳）

---

圧倒的に数の差がある天才と凡人。

天才をどれだけ自由にさせ、そこから繰り出されたものをどこまで拾える凡人がいるか。

逆に、凡人をどれだけ上手く翻弄できる天才か。

その２軸が交わることがとても大切だと感じました。

どっちにも触れられる秀才が一番器用に立ち回れるのかも。（本人は大変なこと多そうですが）

組織が才能を活かすには、相手を知ろうとする入り口があること、良さを認める姿勢が所属している全員にあることが前提かなと思います。

---

## 違う役割同士で支え合いたい

I.A.
学生（21歳）

私はコラムを読んで泣いた一人である。

理解されないことで何度も殺されかけて、何度も絶望して、それでも私は人が嫌いになれなくて、そうやってあがいていると何度も何度も、共感の神（友人）やエリートスーパーマン（学校の先生が多かった）、病める天才（多数の友人）……に救われてきた、（天才かどうかは置いておいて）不幸な死を何度もかわした天才役、もといレア度の高い落ちこぼれをしてきたことがあるからだ。

ここで言う二つ名、天才や共感の神……は時と場合によって様々であり、自分が秀才的役割のときもあれば、凡人的役割のときもあることを再確認しておきたい。大事なのは、相手がどの役割であれ、我々は違う役割同士できることを持ち寄り、支え合うことで、お互いが生きやすい世の中を作ること（＝社会を良くすること）ができるということだ。

フライパンと土鍋と泡立て器にはできることが違う。カニ鍋をやる状況になったら土鍋が天才になる。生物進化論のような話になるが、この役割はその時々によって変わりうる。凡人という人がいるわけではない。誰にでも役割が回ってくる、それだけの話でもある。

ゆえに、必要なことは、我々が皆名馬になることより断然、「我々が皆伯楽であろうとすること」であるという指摘だ。平たく言えば、他人をあるがままに認めよという話だ。

天才的役割の人であっても、すべてのものを生めるわけではない。当然だ。だから誰が凡人でも天才でも秀才でも、それぞれ全員が関わってれを伸ばしてあげるというのが実際に展開できる方法という気がします。

● あなたの会社の「イノベーションを妨げる壁」となるもの

平均以上の人だけが上がれる人事システムだと思います。

技術にぬきんでた人が立場は上じゃなくてもいいので、報われるシステムが必要です。

理解しておくべきは、天才はマネージャーには向かないということ。

自分はSM理論と言っていますが、Mにはランクがあり、ランクの上位に行けば下位に対して、Sになりますが、Sの中にはランクはなく、SはMになることはない。

これと同様に天才はあくまで天才で、組織を回すことはあまり考えられないため、マネージャーには向きません。

そのため、マネージャーでなくとも努力が報われる給与体系が必要と感じています。

---

## 組織ごとに様々な軸を立てて調べてみては

**津倉徳真**

マーケター（27歳）

組織ごとに、それぞれのポジションの人数比を出して、業界軸・職種軸・規模軸など様々な軸で、どの比率の組織が、事業がうまくいっているか、従業員の幸福度が高いか、調べたら面白そう！

---

ここでは平均点をとることが求められているため、多くの天才がこのシステムに乗れず、ある意味殺されている、と感じます。

先日も同期の博士号をとった友人がこのマネジメントレビューを受けましたが、どうも落ちたようだ、という話がありました。

加えて、ぶっ飛んだ天才の知人は、このマネジメントレビュー自体に腹を立て、アセッサーに食って掛かったとのこと。

彼は完全に組織に殺された、と思います。

● 反対に、「救われた天才」の話

先述した同期の博士号をとった知人は、過去救われた天才だったと思います。

彼が博士号をとったのは入社後、会社のお金で博士号をとりました。

入社したての彼は人とのコミュニケーションもまともに取れませんでしたが、数学や理論的なところはすごくできた。

会社に入ってから電磁気学を勉強し直し、量子力学までも勉強し直してその結果、"神が見えた"といったほどです。

そんな彼でしたが、上司に見出され、博士号をとりに大学院に行くことになりました。

彼を見出した上司もおそらく天才だったもの、と思います。

● 組織が才能を活かすための方法　について

一番重要なのは、上司が天才のもつ特性について、理解することだと思います。

天才の特性でわかりやすいのは、KPIはない、秀才、凡人からはそのポテンシャルも評価できない、というところです。

また、もうひとつ天才に共通していることとしては、非常にその分野に対しピュアな視点を持っているということ。

KPIが確立できない場合は、その分野に対するピュア度を測定し、そムは、とがった天才が上に上がれないシステムになっています。

　今後さらに競争が激化していく中、Innovativeな発想を持つエンジニアがいきいきと活躍できる会社にしたい、と思っていたところに、このコラムを見つけました。

　非常に重要かつわかりやすい点は天才にはそれをはかるKPIがないこと、です。

　まさにうちの会社でもBSCだの、KPIによる管理だのが一般的になってきていますが、天才の発想は、その視点では評価できない、ということに気付きました。

　このコラムを見つけて早速私が社内で天才と思う人に共有したところ、事業部長クラスの方からは、天才は社内にも一定数おり、彼らを理解できるマネージャーの下に配置するか、私の直属の部下としている、という話でした。

　事業部長クラスの方が天才だからそういうことができるのか、わかりませんが、少なくとも彼の下の天才は彼によって救われている、と思います。

●職場の人間関係で悩んでいること
　自分のやり方を捨てきれずに求められている業務を遂行できないメンバーがいます。

　彼は自分のコピーを作り出そうとしているようであり、他の意見、やり方を受け入れられないようです。

　一人でやる仕事はできる、いわゆる処理はできるのですが、彼が秀才なのか、凡人なのか、はかりかねています。

　もしかしたら彼は3つの分類の外にいる人なのかもしれません。

●あなたが今まで見てきた、殺された天才のストーリー
　うちの会社では管理職になるためにマネジメントレビューというものを受けます。

## 「余白」に気づいてほしい

K.A.
学生（23歳）

他者を理解する上で人間は「余白」を持っています。

「余白」とは自分の知と経験が構成する世界の広がりです。

その「余白」の存在をそれぞれの人間が理解してほしい。「天才」と「凡人」が初めて出会うとき、異なる世界観をもつ者同士、互いに異質なものと感じてしまうかもしれません。しかし、同じ人間のもと、「余白」は必ず存在しています。

この「余白」に気づいている人を「共感の神」と呼ぶのかもしれない。と、そう感じました。


人間は生来的に同じだが、本質的に違う。そして、違うことこそ当たり前のことで、違うことって素晴らしいよね！

そんな風に感じられる土壌がこの世の中にもっとできればと思いました。

## 天才を評価する困難さ

Kazu Kudo
電子部品製造業 海外工場 技術部長（40歳）

- コラムを読んだ感想

うちの会社のスローガンはInnovatorになれ、ですが、社内のシステ

- 発達障害者も健常者も、凡人の「共感性」の軸の中でぶつかり合ってしまうからトラブルが起きるのではないか

という話になっています。

発達障害者が良くも悪くも特別で違う存在だというイメージはきっと誤ったもので、大多数は凡人の軸の中にいる同士なのだと。

発達障害と診断される人が『共感しやすい（健常者）』VS『共感しづらい（発達障害者）』という凡人の軸で生き続ける限りはトラブルが起きやすく、双方辛い思いをしてしまうだろう。天才は目指してなれるものではないけれど、秀才を目指すことは可能だろうから、発達障害があって苦しんでいるのならば『軸』を秀才のそれに変えてしまえ、と書きました。

私自身、自分がどのように生きれば良いか、はじめてハッキリ分かったように思えました。

その記事が書籍に載せられるようなものだとは思っていないので、お目に触れるとともにお礼と感謝を伝えられる機会になればと思い、お送りしている次第です。

画面越しに勝手に一方的に感謝をしている身ではありますが、『凡人が、天才を殺すことがある理由。』を書いてくださり、本当にありがとうございました。

---

ポテンシャルを持つ人が、そのポテンシャルを最大限に活用できていないという現状があり、その現状を回復させることは社会的に価値のあることだ、というのがこの文章の根本にある考え方だと思います。

これは、あらゆるところに適用できる考え方だと思います。「天才」という表現からは自分とかけ離れた存在だと印象を受けますが、自分の隣にもマイノリティゆえに本来の力を発揮できない人がいるかもしれません。

誰もが自分の役割により、誰かの力を発揮させるための回復性という価値を発揮できる可能性があるのだ、という勇気を感じました。

---

## 発達障害の大多数は凡人

夕暮

はじめまして。はてなブログ内で雑記ブログを運営している者です。

私は大人になってから自閉症スペクトラムと診断されました。いわゆる発達障害のひとつです。

自閉症スペクトラムや発達障害全体について書くこともあり、その中で、コラム『凡人が、天才を殺すことがある理由。』について言及したことがあります↓

あの時は、すこーんと答えを教えてもらえたような気分でした。

感想の内容をざっくりと書きますと

- 発達障害のプラス面が紹介される時にすぐ天才と呼ばれた偉人を持ち出すことに常々違和感があった

という点から

えた素晴らしい企画をよりビジュアライズする手助けを行った。

それが功を奏し、日本のビジネス中心部東京へハリネズミは旅立って行った。

現在は第三フェーズの真っ只中で、この先どうなりたいか、どこを目指して行くのかに焦点を置き、書籍を紹介したり、より才能を開花させる方法を模索している段階である。

少し前に、北野さんの「天才を殺す凡人」のコラムを読むまで、どうしてここまで共感し、プライベートの時間を削ってまでサポートしたくなるのか答えが分からなかった。私なりに出た結論は、そもそも見返りは一切求めていない。だが「共感の神」は天才をサポートすることにより、同じ夢を見させてもらえるという圧倒的特典がある！

これは、共感の神ではあるが、凡人の私からすると、一生かかってももらえないご褒美なのである。

ハリネズミの旅は、まだまだ続く。私はこれからも、この「愛すべき天才」の共感の女神（女性なので笑）として支え続けることをここに誓います。

世の天才に幸あれ！

---

## あらゆるところに適用できる考え方

ざしきわらし
システムエンジニア（26歳）

北野さんの優しさと熱意がこもった文章でした。

【投稿者】共感の女神

女性、37歳、A社のパートナー企業、会社役員（中小企業）

特徴：お節介、姉御肌、陽気、経営者サイドの視点でアドバイス出来る。経営についてお勉強中。

〜1人の天才を救った物語〜（共感の神Side）

知り合った当初、彼はまるで傷付いたハリネズミだった。

明るくハツラツと仕事を楽しんでいるが、その傷が仕事からくるものだと分かるのに、時間はそう掛からなかった。

聞けば、下の仲間からの人望は厚い。上司からの評判は良くなく邪険に扱われている様子。

ハリネズミの棘はいつも鋭く、皮膚は血だらけになっている様に見えた。

会社や部署の発展を強く願い、行動している。それに、彼の素晴らしいところは、閃めき力・創造性・デザイン思考性・フットワークの軽さ・吸収力に加え、実は愛情深いなど挙げればキリがない。

話す程に、私はその彼の「愛すべき天才」という人間性に魅了されていった。

と同時に、助けたい、もっと認められるべきだ、活躍して欲しい!とスターの原石を見つけた様な気持ちになった。

ただ、私は社外の人間で、サポート出来ることが限られている。

私が第一フェーズで行ったことは、褒める時は徹底的に褒める（傷付いた皮膚に薬を塗る）、常に正面から向き合う（威嚇している針をねかせる）である。これも計画立てて行ったのではなく、自然にそうさせた「愛すべき天才」の才能の1つだと思う。

第二フェーズでは、彼の苦悩への徹底的なフィードバックと、彼の考僕は訳が分からず、ただひたすら悲しかった。その他にも、出世欲からくる裏切り行為なども重なり、人間不信に陥っていた。


それでも僕が這い上がろうと思ったきっかけは、今となっては共感の女神と呼ぶべき人を含む外部の理解者の存在が大きかった。

“利害関係を伴わない相手”すなわち、純粋に僕を応援してくれる人たちからの力が大きかった。


そして、営業成績は好調、部下からの信頼も厚かったが、僕は５年以上勤めた当時の事業を離れることを決意した。

上司や部長など誰一人僕を止めることはなかった。


「評価ってなんだろう」

そんな悲しみと、新たなフィールドへの希望を抱えながら、今の事業部にマーケター・企画職のプレイヤーとして未経験ながら自ら異動を選んだ。


丁度そのころ、「天才を殺す凡人」に出会い、今までの苦悩続きの社会人人生から解放されたような高揚感に包まれた。

僕も反省すべき点はある。しかし、僕自身が否定され続けた事には理由があったと分かった時に、救われたのだ。


異動するきかっけは、やはり共感の女神からの指南である。

環境を変えることで、自分の提案や考えを受け入れてくれる人はいるのではないか？というアドバイスをもらったからである。

なにより、僕の発想力と才能を褒め続けてくれた。

まだサクセスストーリーには程遠いが、共感の女神、そしてまだ見ぬ「根回しおじさん」の力を借りて、自分や社会にとってのしあわせを追求していきたいと思う。

Ａ社での仕事は法人営業で、僕は持ち前のコミット力とソリューション力で、めきめき成果をあげていった。

Ａ社はベンチャー企業であるため、世間的には昇格スピードは早い。僕も例に漏れず、それなりに出世していった。

部下からの信頼も厚く、退職者や年間未達成者も0。自分の責任範囲であるグループ数字も未達成することなく達成し続けた。

一見順風満帆のように思えた。

しかし、事業全体の調子は芳しくなかった。代理店販売が主体となっていることや、ハードワークを強いられることから事業部全体での退職者は後を絶たなかった。

そこで僕は、事業部内での新規事業提案を複数行った。

「新規アライアンス開拓」、「既存アライアンス強化」、「新規サービス開発」、「教育体制への提案」などである。

しかし、何一つ受け入れられることはなかった。

むしろ、否定的に捉えられることさえあった。

理由は、上司からの評価は高くなかったからである。邪険に思われているようだった。

当時の僕には、“僕自身への評価と提案している内容の評価が混同している”という発想はなかった。

「成果は申し分ないはず。提案しているものも顧客に事前に壁打ちして“いいね”という評価をある程度もらっているもの。何より事業の達成のための提案。なぜ、ここまで、否定的なフィードバックになるのか」

その後も事業は伸び悩んだ。僕は否定を恐れ、提案をすることはなくなっていた。

ないものには恐怖を覚える。勉強などのロジックがあるものでなく、「ひと」という漠然としたものは、理解するのは骨の折れる作業であることが多い。だから避ける。「あの人はああいう人だから」と思考停止になる。理解できる範囲は人それぞれなので、理解しようとする作業をすることが良し悪しではなくて、まず自分でふれて判断することが大事だと思っている。

理解するというと、言葉が重く感じるかもしれないが、目の前の人への興味と尊敬をもつことでその道は拓かれると思う。

それができるのが根回しおじさんや共感の神になる人たちで、そういう人が増えたらもっと世界は優しくなると思う。

---

## ある天才と共感の女神の物語

**ハリネズミと私**

マーケター・企画（29歳）

【投稿者】僕

男性、29歳、人材系A社の天才、マーケ・企画マネージャー

特徴：お調子者だが繊細、イノベーター、人が好き、思考するのが好き、上司からみると可愛げがない

（これは僕自身の物語を、当時を思い出しながら客観的な意見も頂きつつ文章化したものとなります）

～殺された天才が救われた物語～（天才Side）

僕は新卒採用の支援事業に携わりたいと思い、今のA社に入社をした。

## 凡人もまた殺されている

さくま
食品メーカー勤務（30歳）

● 読んだ感想

真っ先に思ったのは、「凡人が天才を殺すことがある理由」というテーマだけれど、天才になる前の凡人も殺されているなあ……ということ。

● 職場の人間関係で悩んでいること

そう思ったのは自分の今の職場環境を思ったから。勤務先は大手食品メーカーで、作った商品をどうお客様に売っていくかを考える部署にいる。入社前は「ここで働けて嬉しい!」と思っていたが、入社すると想像の範囲をかなり超えたサバイバルな部署だった。裁量のある人は気分屋ばかり。（もちろんそうでない人もいる）とても優秀な人でも精神を病んでしまい退職に追い込まれた人もいたりとのことで正直ショックだった。自分のいるチームでも空気は悪い。とはいえ、仕事を達成するプライドがあるので、それが仲の悪さを超えて結果を出すチームにいるのも貴重な体験だと思っている。

サバイバルに飛び込んだが、かなりの試行錯誤を経て、何とか生き抜いている。

● 組織が才能を活かすための方法について

これは人への理解に努めることが大切だと考えている。

人は無意識のうちに人をカテゴライズしてしまって、人を純粋に見られないことが多いと思う。見ようと意識しても。

それは単純に分かりやすいから。人は分かりやすいものを好み、分から

- シンプルに、自分はどこに位置されるだろうか、と考え込んだ。天才ではないが凡人ではありたくない。でも秀才と名乗ったところで社会に良い影響を与えているかはわからない。しかし「凡人」という言葉の持つプライド破壊力は凄まじい。凡人はどうすればいいのか？　抜けるすべはないのか？　それは本質的な問いではない気がする。だからこそ、凡人領域にもう少し光（役割）を与えてあげると良いように思う。人数は圧倒的に多いのだから、効果は小粒でも役割に多様性があっても良い。その方が、より多くの凡人からの共感が得られ、結果的に天才を助けるサイクルがより一層加速するのではないだろうか。

- 続編（書籍掲載されるかわかりませんが）に書かれていた「天才の時代」と「秀才の時代」は、交互に訪れる」について、世界はまさに今アメリカが「天才の時代」、日本が「秀才の時代」を生きる真っ最中であると感じる。そしてそのアメリカも、スティーブ・ジョブズの死を皮切りに「秀才の時代」に突入しつつあり、他方で中国ではついに天才の花が開いている。生きる時代の異なる他国のやり方を真似するだけでは国家は生き延びていけない、とはっとさせられた。この事実について日本のトップの「秀才」たちが認識し、「秀才」による国家に水をあげて存続させつつも、次世代の「天才」による国家の芽を十分に育てることが必要だと感じた。

---

(事実人手不足でも結果を出したのは人気現場になって人集めに苦労しなかったから)

しかしそんな想いは特定の層にいつも阻まれた。「その職場の生え抜きのエース」＝秀才。

振り返れば結果を出していた時にはいつも支えてくれる立場の人がいた。でも僕の奇抜な才能を理解する上司＝根回しおじさんだ。

今日、図らずもまた転職したいと追い込まれてしまったが、このコラムを再読し、勇気をもらいました。

---

## 凡人領域にもう少し光(役割)を

ヨシノアヤ

(31歳)

---

イノベーションの起こり方について考察が鋭く、なるほどと膝を打ちました。雑駁ですが、コラムを読んだ感想を書かせていただきます。よろしくお願いいたします。

- 偶発的イノベーションを起こすのは、「縦横無尽なカタリスト」の存在が関係しているのではないだろうか。天才・秀才・凡人それぞれの特徴のエッセンスを理解できて、分子を別領域に運んでかき回すことで化学反応を起こすことのできる人材(中心に位置する全てを理解する者とは違ってもう少し不安定なイメージ。ある意味天才に分類される人材かもしれないが)。そして、多様性を理解できて共感性が高く、天才を理解し秀才にも良い感情を持てる「凡人」こそが、その可能性を秘めているような気がしてならない。

れた本です。

この著者のジレンマへの果てしない共感、問題意識の共有、それをつなごうとするこの試み、これから日本は変わる！

## 勇気をもらいました

**じゅんじゅん@**
フリーランス正社員　SCM職（43歳）

このコラムをネットで見つけた時、その前後で実に４回転職してます。

それまでは天才としての尖った戦略で、数字に見える結果を出していたのに。

その際にずっと悩んできたのが、何故、結果にコミットし、有限実行で結果を出しても、他人は評価どころか実力を認めないんだろうと。

この時の検索ワードは「仕事　実力　分からない　普通のサラリーマン」みたいな感じだった。

そもそも自分は他人の凄さが分かるからこそ、たくさんの人数で、かつ非常に労働集約的な倉庫で結果を出すために、個々のメンバーの実力把握とそれに伴う組織化こそ最大の部分と考え、立場（社員とかアルバイトさんとか社歴）抜きに全てのメンバーをまずはリスペクトし、冷静に長所短所を見てきた。

だから、結果まで出していたら普通にしていれば僕の実力なんてすぐ理解できると考えてきた。

そして、そもそも倉庫という世間的にはあまり好かれない職場も、人が成長し、お客様にも喜ばれる素敵な職場にしようと天職として働いてきた。

の意見に左右され過ぎずに自分を信じて人と向き合う。情報が多い時代で難しいかもしれないけれど大切！

---

## 最強の実行者になりたい

**ゆーた**
新社会人（24歳）

これを読んで「僕はどのポジションにいる（なりたい）のだろうか?」と考えてみたところ、「秀才」と「凡人」の間にいる「最強の実行者」であるという結論に達しました!!

頭でっかちになり過ぎず、他人への共感も忘れないような人でありたいです!!

---

## これから日本は変わる

**HOPE**
財団法人職員（47歳）

>>働いていて誰しも、一度は「悔しい」と思ったことがあるはずです。僕はあります。

>>そして、実はその理由は「人間関係の衝突」や「人が人の才能を理解し、尊重しきれていないこと」がほとんどです。

>>この本『天才を殺す凡人』はそれらの悩みを解決するために生ま

秀才でもスーパーマンでも実行者でもない私に、そんな思いをもたらせてくれました。天才が産み出すアイデアを一緒に面白がり、そこいいね！ と共感することにより、天才の才能を最大限に活かし続ける。共感者をはじめ、実行者など、世の天才はそういった存在の方々があり初めて天才であり続けられるのかとこの記事で知り、自身は天才ではないけれど、自分に出来ることがあるということ、それを明確に意識出来るようになりました。

---

## それぞれに合った活躍の方法がある

**村田優介**
学生（22歳）

---

○最強の実行者＝「＃畳み人」だと感じました！
最強の実行者と秀才の間にある差をどう埋めていけばいいのか？
畳み人サロンに所属している僕が目指している姿の1つ!!!
○理想の世界
皆が自分のことを認め社会に還元。
凡人＝マイナス
天才、秀才＝プラス
と思っていました。
でも、この記事を読んでそれぞれに合った活躍方法があると理解。
○「共感の神」になるためには、
- 自分の目で確かめること。
- 純粋な心で相手と向き合うことが大切ですね。

共感力が高い凡人は意見に耳を傾けることが得意だと思います。他人

## 時間の制約がイノベーションを妨げている

高堂周平
営業（33歳）

凡人が天才を殺す理由のコラムを読み、頭にガツンと来た。

凡人は無自覚なまま、天才を殺す、理解出来ないものへの恐怖感が想像し易かったから。

一方で天才への憧憬もある。

きっと心の中で、秀才でいたいんだと思う。様々な面で心を揺さぶられた内容だった。

当社におけるイノベーションを妨げる壁は「時間」だと思う。

当社も他社同様、社内改革を叫び、声高に新しい商品の開発を訴えているが、足掛け数年のような事業を提案している社員はいない。目の前のノルマと、平行して対応可能な事業に終始している。

創造されるものが一晩で世界を変えるものでない以上、時間による制約こそが、イノベーションを妨げていると考える。

## 自分にも出来ることがある

だいまり
役員秘書（32歳）

天才にはなり得ない。秀才にもなれないだろう。ただ、共感者という立場で天才を殺さないことは出来るかもしれない。この記事は天才でも

# ブログに寄せられた感想

## 大学の体育会でも天才が潰された

**凡人寄りのエリートスーパーマン**
学生（22歳）

職場だけではなく、最近風当たりの強い「体育会」の部活でも潰された天才を私は見ました。私はある大学の武道系の体育会に所属しています。武道の部活ですので歴史も長く多くのOBが在籍しています。この部活での「天才」はあるOBです。その方（A先輩とします）は、自ら会社を起こし大成するほどのまさに革命児でした。

A先輩はある時から練習内容やOB会の組織・財政に口を出すようになりました。彼の提案は最新のスポーツ科学の理論を旧態依然とした武道に持ち込む、大企業や話題のベンチャーの組織運営をモデルにOB会の運営の非効率を改革するなど画期的なものでした。学生もこの改革で万年弱小の部活に活気が出るのではないかと感じ非常に楽しみにしていました。

しかし、A先輩を快く思わないOBたちが画策してA先輩の改革案を潰したのです。OBたちは長年大企業に勤めるまさに「共感性」を軸にする「凡人」だったのではないかと今では思います。この様子を見て私たち学生は、社会で平和に暮らすには「凡人」のフリをして生きねばならないと感じた者もいると私は思います。「天才を殺す凡人」のコラムを読んで、上記の例をすぐに思い出した次第です。

ことで、自分のそれが整理され、結果的に、たった1人でも「天才」が救われたとしたら、これ以上に意味のあることはあるだろうか？

企業に対しても同じ気持ちだ。僕が人材マーケットで一番やりたいことの1つは、成長産業へ優秀な人を紹介することだ。日本には「優良だが、知名度のないスタートアップ」がたくさんある。彼らを支援することは、世の中のためになると確信している。だが、これまではその実力がなかった。おかげさまで、そんなスタートアップの採用を支援するための土台がようやくできてきた。これを実現していきたい。

才によって「再現性」をもたらされ、最強の実行者を通じて、人々に「共感」されていく。こうやって世界は進んでいく。

## なぜ、こんな記事を書いたのか？

なぜ、こんな意味不明なブログを書いたのか？

少し前、ある上場企業の役員と話したとき、こう聞かれた。

「北野さん、あのブログって、いったい、どこを目指しているんですか。そもそも、人材領域にどれぐらい思い入れがあるんですか？」

人材領域への思い入れについて言うと、正直、僕は、普通の学生さんへの就活支援には、あんまり強い思い入れはない。なぜなら、僕らがサポートしなくても、他の素晴らしいサービスがあるし、きっと良い会社に巡り合えるからだ。

だが、マイノリティへの支援には強い思い入れがある。この世界、特にこの国は、天才と呼ばれるような「他の人と少し違う子」は断然生きにくい。そして僕がもしも、彼らの才能を正確に理解し、背中を押してあげることができるとしたら、それにはめちゃくちゃ強い思い入れがある。自分もどちらかというと「日本社会の不適合者」だからだ。

だが、これまでは、その天才をサポートするための「理論」や「セオリー」がわかっていなかった。今回、この記事を書く

天才を助ける、共感の神

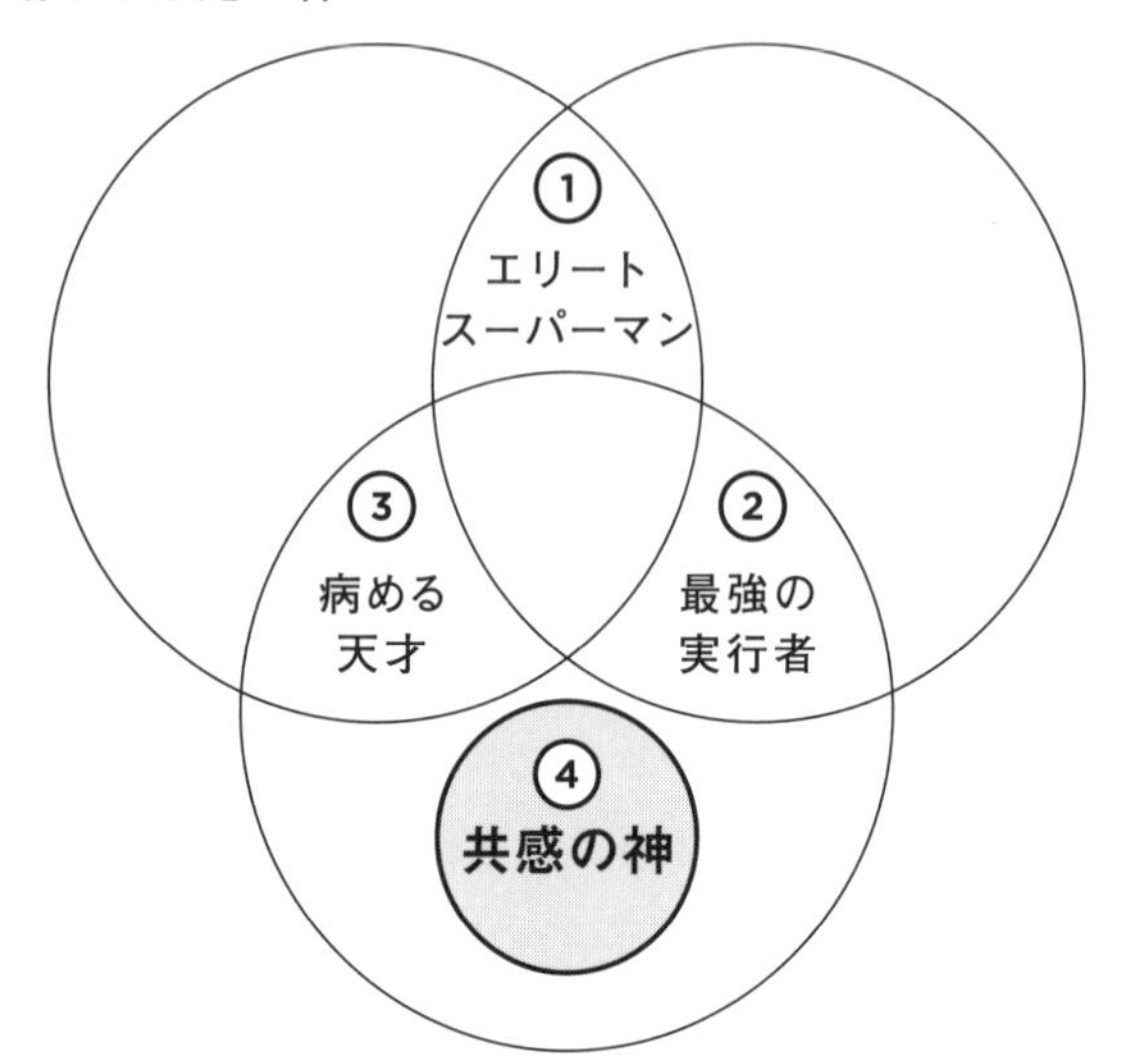


め、天才の考えを理解することができる。イメージでいうと、太宰治の心中に巻き込まれた女、がわかりやすい。

多くの天才は、理解されないがゆえに死を選ぶ。だが、この「共感の神」によって理解され、支えられ、なんとか世の中に居続けることができる。**共感の神は、人間関係の天才であるため、天才をサポートすることができる。**

これが、**人間力学からみた「世界が進化していくメカニズム」**なのだ。

天才は、共感の神によって支えられ、創作活動ができる。そして、天才が生み出したものは、エリートスーパーマンと秀ダー」によるところが多い。

## 天才を救う「共感の神」：大企業に必要な「若い才能と、根回しおじさん」理論

先日、とある「超大企業」の方と議論したとき面白い気づきがあった。

それは、**大企業がイノベーションを起こすために必要なのは「若くて才能のある人と、根回しおじさんだ」**という話だった。これを「天才と、根回しおじさん理論」と呼びたい。

言わずもがなだが、大企業のほとんどは「根回し」が極めて重要だ。新しいことをやるには、様々な部署に根回ししないといけない。だが、天才は「創造性」はあるが、「再現性」や「共感性」は低いため、普通の人々を説得できない。骨が折れる。だから、天才がそれを実現するために必要なのは「若くて才能のある人物を、裏側でサポートする人物」なのだ。つまり「根回しおじさん」と呼ばれる人物である。

僕は、これと全く同じことを考えていた。というのも、凡人と呼ばれる人の中には、「あまりに共感性が高くて、誰が天才かを見極める人」がいるのだ。それを**「共感の神」**と呼んでいる。

共感の神は、人間関係の機敏な動きに気がつく。結果的に、人間の関係図から「誰が天才で、誰が秀才か」を見極

コミュニケーションの断絶を防ぐ
「3人のアンバサダー」

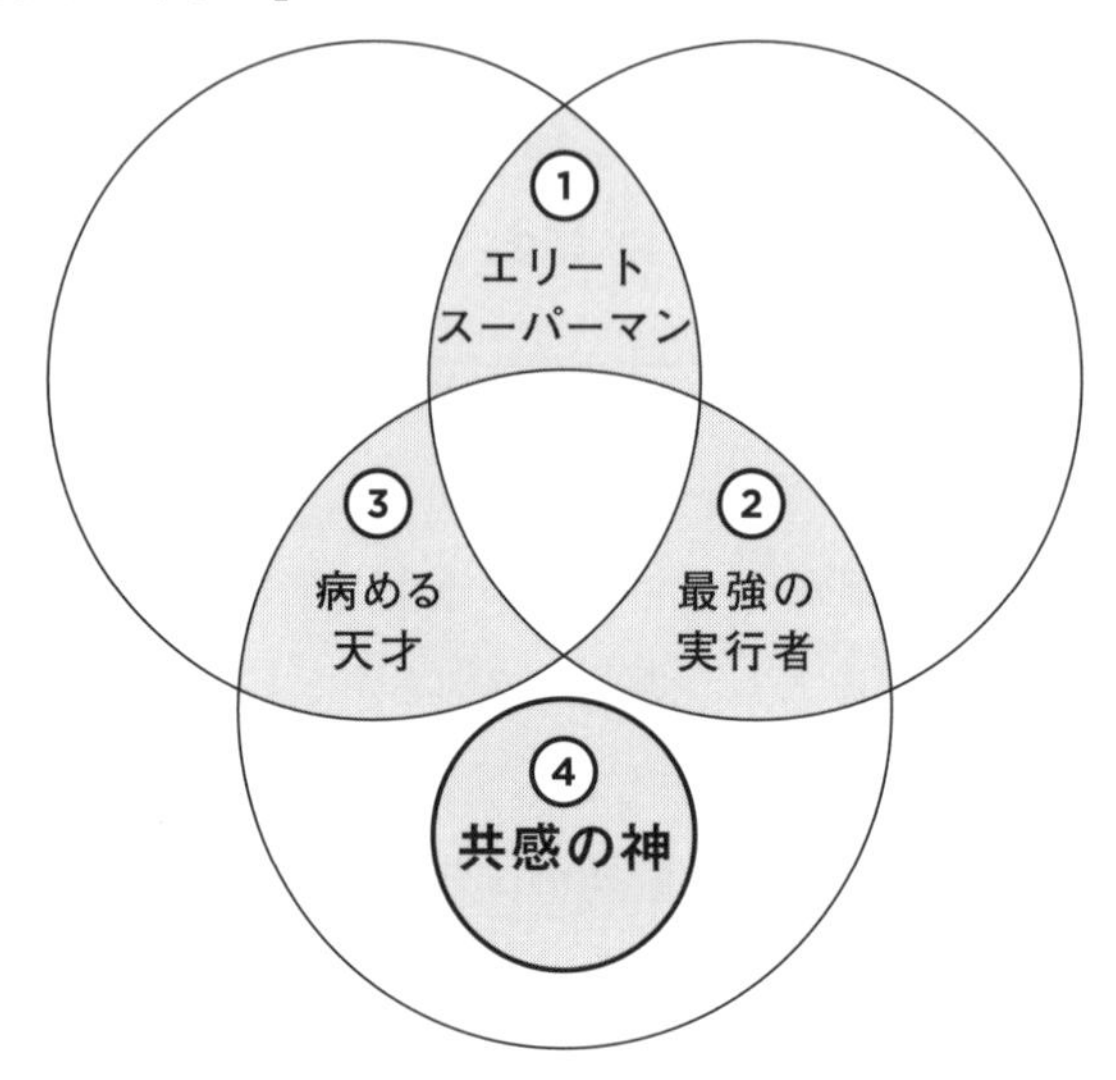


**くいく**、「めちゃくちゃ要領の良い」人物だ。彼らは、ロジックをただ単に押し付けるだけではなく、人の気持ちも理解できる。結果的に、一番多くの人の気持ちを動かせ、会社ではエースと呼ばれている。（そして、一番モテる）

最後に**「病める天才」は、一発屋のクリエイター**がわかりやすい。高いクリエイティビティを持ちつつも、共感性も持っているため、凡人の気持ちもわかる。優しさもある。よって、爆発的なヒットを生み出せる。ただし、「再現性」がないため、ムラが激しい。結果的に、自殺したり、病むことが多い。

まず、世界が崩壊していないのは、この「3人のアンバサ

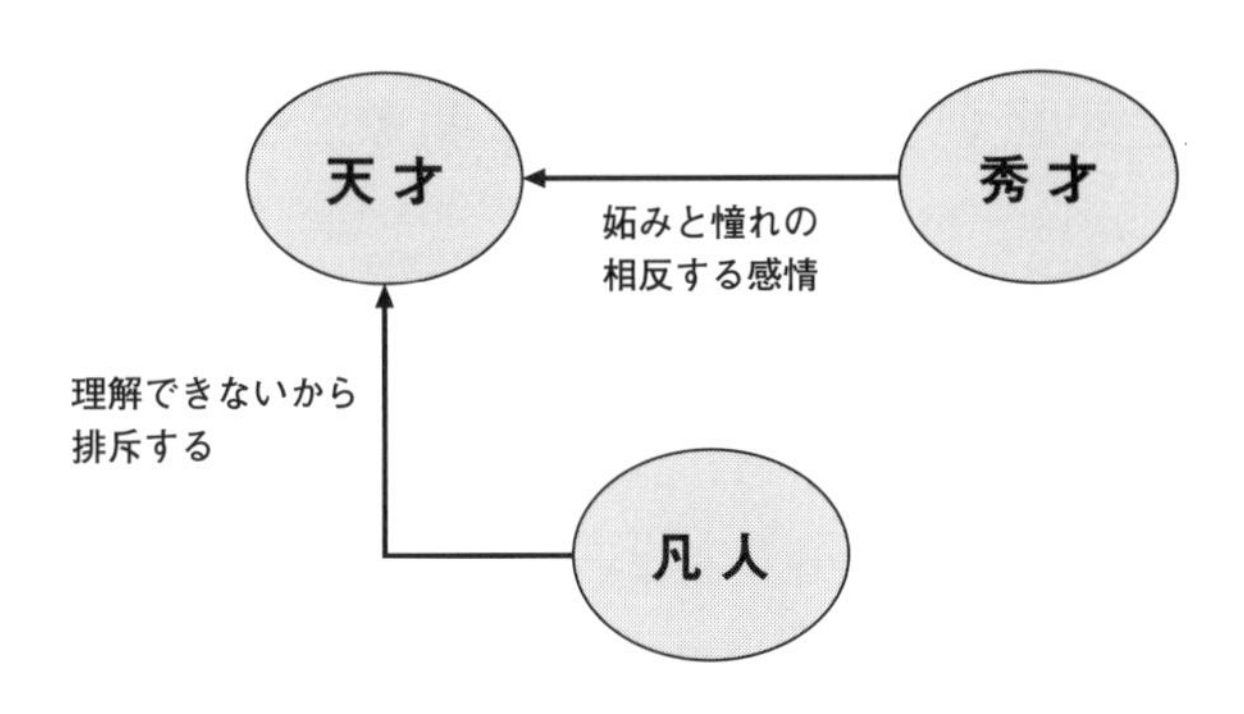


というのも、本来は、3者は協働できるケースも多い。コミュニケーションの「軸」は異なっても、「実は言っていることは同じ」であることはマジで多い。となると**「コミュニケーションの断絶による、天才の死」は不幸**でしかない。

## 世界の崩壊を防ぐ、「3人のアンバサダー」

コミュニケーションの断絶を防ぐ際に、活躍する人間がいる。

まず、**「エリートスーパーマン」と呼ばれる人種は、「高い創造性と、論理性」を兼ね備えている**。だが、共感性は1ミリもない。分かりやすいアナロジーでいうと、投資銀行にいるような人だ。

次に**「最強の実行者」と呼ばれる人は、何をやってもうま**

## 創造性は、直接観測できないが、凡人からの「反発の量」で間接的に測ることができる

結論を言うと「創造性」は、直接観測することはできない。そもそも、創造的なものとは、既存の枠組みに当てはまらないため、フレームが存在しないからだ。

しかし、ある方法を使えば、“間接的”には観測することができる。それが「反発の量」である。

これはAirbnbの例が分かりやすい。AirbnbやUberは、リリースされた時、社会から「強烈な反発」を受けた。あるいは、優れた芸術には、ある種の「恐さ」が必要と言われる。つまり、凡人の感情を観測すれば、「創造性」が間接的に観測可能なのである。

これをビジネス文脈でいうと、こうだ。

本来、企業は、**破壊的なイノベーションを起こすには「反発の量（と強さ）」をKPIに置くべき**であるが、これは普通できない。なぜなら、大企業は「多くの凡人（＝普通の人）によって支えられているビジネス」だからだ。反発の量をKPIに置き、加速させることは、自分の会社を潰すリスクになる。これが、破壊的イノベーションの理論（クレイトン・クリステンセン）を人間力学から解説した構造になる。

では、どうすればいいのか？　どう天才を守ればいいのか？

| 項　目 | 創造性 | 再現性 | 共感性 |
| --- | --- | --- | --- |
| ビジネスにおけるバリューチェーン | 創造し | 拡大させ | 金をつくる |
| 担当するメインプレーヤー | 天才 | 秀才 | 凡人 |
| 価値を測るための指標 | ？？？（適切なKPIがない） | 事業KPI（CVR、LTV、訪問数、生産性などプロセスKPI） | 財務／会計KPI（PL、BSに乗ることができるKPI） |

革新的な事業というのは、既存のKPIでは「絶対に測れないもの」なのだ。

全ての偉大なビジネスは「作って→拡大され→金を生み出す」というプロセスに乗るが、それぞれに適したKPI（Key performance indicator）は異なる。そのうち、「拡大」と「金を生む」のフェーズのKPIは、分かりやすい。

拡大は「事業KPI」で見られるし、金を生むフェーズは「財務上のKPI」ではかることができる。経営学の発展によって、プロセスが十分に科学されてきた功績だ。（詳細は上の表をご覧いただきたい）

問題は「創造性」である。

言い換えれば「天才か、どうか」を、指標で測る方法がないことである。

評価する。

より具体的にいうと、**天才は「世界を良くするという意味で、創造的か」**で評価をとる。一方で、**凡人は「その人や考えが、共感できるか」**で評価をとる。

したがって、天才と凡人は「軸」が根本的に異なる。

本来であればこの「軸」に優劣はない。だが、問題は「人数の差」である。人間の数は、凡人>>>天才である、数百万倍近い差がある。したがって、**凡人がその気になれば、天才を殺すことは極めて簡単**なのである。

歴史上の人物で、最も分かりやすい例は、イエス・キリストだろう。

## 大企業でイノベーションが起きないのは、3つの「軸」を1つのKPIで測るからである

そして、最近、これは「大企業で、イノベーションが起きないメカニズム」と全く同じだと気付いた。つまり、大企業でイノベーションが起きない理由も「3つの軸を1つのKPIで測るから」なのだ。

かつて、自分が大企業で働いていたとき、経理財務として「社内のイノベーションコンテスト」に関わっていたことがある。その時に、強烈な違和感を感じた理由が、今スタートアップに来てわかった。

天才と秀才と凡人の「軸」の違い

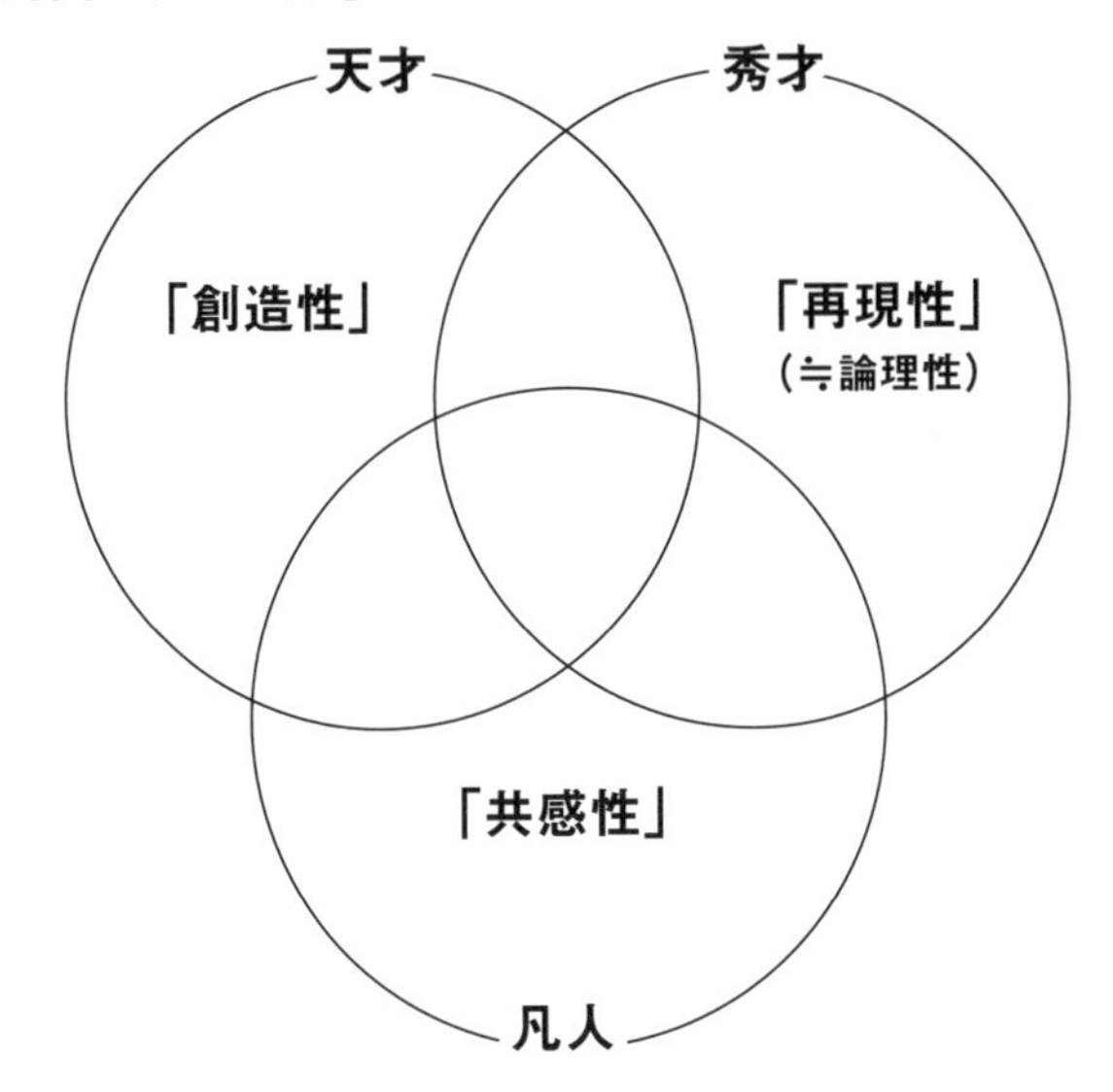


Good or Badという「評価」が変わったわけだ。

このように**「Good or Badという評価」は相対的である一方で、「共感できるかどうかで、決めること」は絶対的なもの**だ。「評価」は対話によって、変わることがあるが、「軸」は変わることがない。したがって、「軸が異なること」による、コミュニケーションの断絶は、とてつもなく「平行線に近いもの」になる。

そして、天才と秀才と凡人は、この「軸」が根本的に違う。

天才は「創造性」という軸で、ものごとを評価する。対して、秀才は「再現性（≒ロジック）」、凡人は「共感性」で人」の間にある、コミュニケーションの断絶こそが、天才を殺す要因である。

## コミュニケーションの断絶は「軸と評価」の2つの軸で、起こりえる

そもそも、コミュニケーションの断絶は「軸と評価」の2つで起こり得る。

- 軸……その人が「価値」を判断する上で、前提となるもの。絶対的
- 評価……軸に基づいて「Good」や「Bad」を評価すること。相対的

例えば、あなたがサッカーを好きだとする。友人はサッカーが嫌いだとしよう。

二人は喧嘩した。**この時のコミュニケーションの断絶は「評価」によるもの**だ。具体的には相手の考えに対して「共感できるかどうか」で決まる。「鹿島アントラーズが好きだ」という評価に、共感できれば、Goodであり、共感できないとBadである。

だが、この「評価」は、変わることがある。

例えば、あなたと友人は夜通し語りあい、あなたは「鹿島アントラーズ」の魅力をパワーポイントを使って説明したとしよう。友人は、その話を聞いてとても共感したようだ。この時、

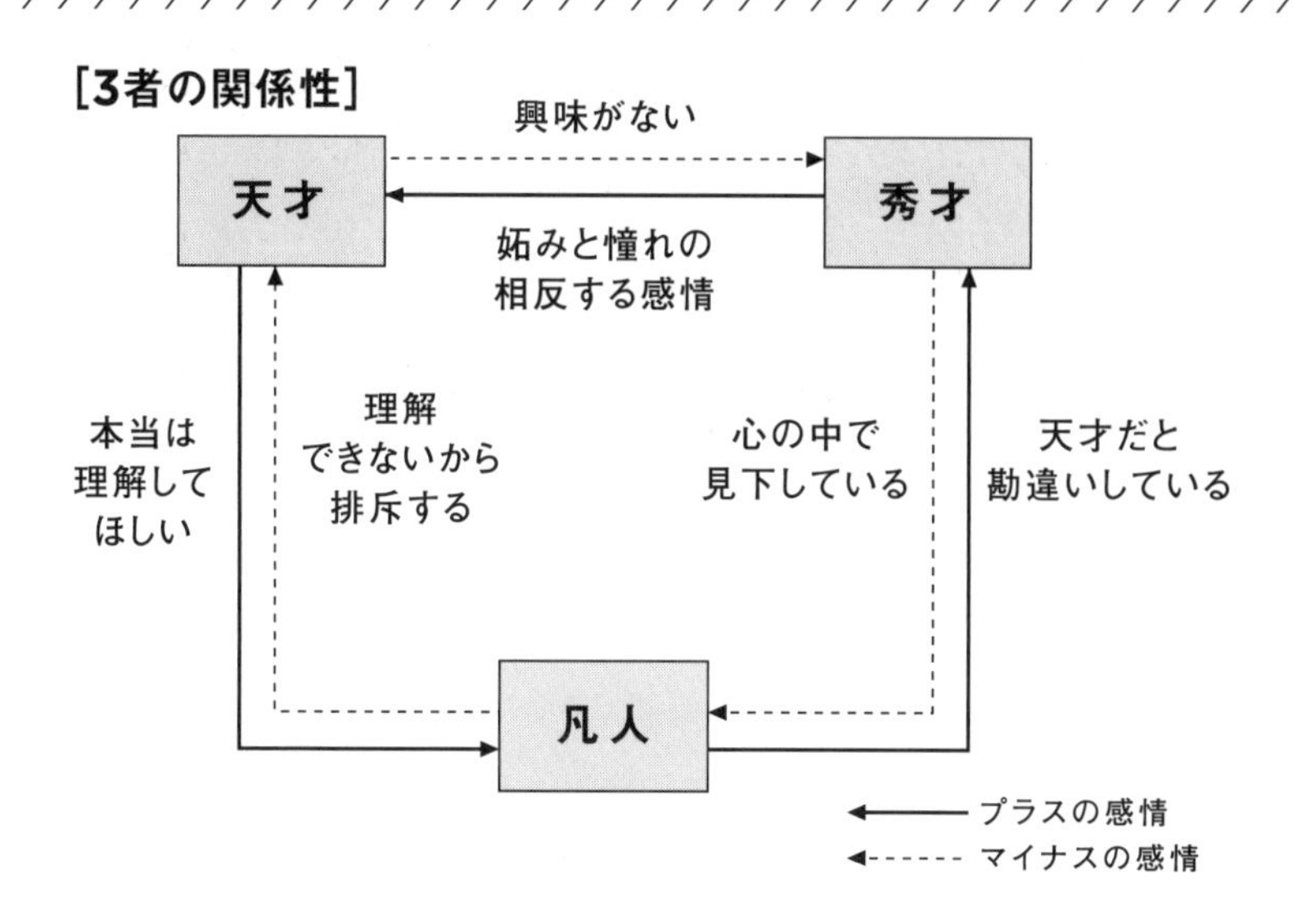


まず、天才は、秀才に対して「興味がない」。一方で、**凡人に対しては意外にも「理解してほしい」**と思っている。

なぜなら、天才の役割とは、世界を前進させることであり、それは「凡人」の協力なしには成り立たないからだ。加えて「商業的な成功」のほとんどは、大多数を占める凡人が握っていることも多い。さらにいうと、幼少期から天才は凡人によって虐げられ、苛められてきたケースも多く「理解されたい」という気持ちが根強く存在するからだ。

だが、反対に、**凡人→天才への気持ちは、冷たいもの**だ。

凡人は、成果を出す前の天才を認知できないため、「できるだけ、排斥しよう」とする傾向にある。この「天才→←凡

# 凡人が、天才を殺すことがある理由。

## —— どう社会から「天才」を守るか？

「どうして、人間の創造性は、奪われてしまうのだろうか」

天才と呼ばれる人がいる。

天才は、この世界を良くも悪くも、前進させることが多い。だが、彼らは変革の途中で、殺されることも多い。それは物理的な意味も、精神的な意味も含めてだ。

以前から、そのメカニズムを解き明かしたいと思っていた。そしてようやくわかった。

天才は、凡人によって殺されることがある。そして、その**理由の99.9%は「コミュニケーションの断絶によるもの」**であり、これは**「大企業がイノベーションを起こせない理由」と同じ**構造である。

どういうことか？

### 「天才と秀才と凡人」の関係を、図で書くとこうなる

まず、天才と秀才と普通の人（＝凡人と定義）の関係を整理するとこうなる。

[著者紹介]

**北野唯我**（きたの・ゆいが）

兵庫県出身。神戸大学経営学部卒。就職氷河期に博報堂へ入社し、経営企画局・経理財務局で勤務。その後、ボストンコンサルティンググループを経て、2016年、ワンキャリアに参画。執行役員として事業開発を経験し、現在同社の最高戦略責任者。レントヘッドの代表取締役。著書に『このまま今の会社にいていいのか？と一度でも思ったら読む 転職の思考法』（ダイヤモンド社）。

職場の人間関係に悩む、すべての人へ

# 天才を殺す凡人

2019年1月16日　1版1刷
2019年3月22日　　　7刷

著　者　**北野唯我**


発行者　金子　豊
発行所　日本経済新聞出版社
東京都千代田区大手町1-3-7　〒100-8066
電話（03）3270-0251（代）
https://www.nikkeibook.com/

印刷・製本　シナノ印刷
本文DTP　マーリンクレイン
装丁・
本文デザイン　小口翔平＋岩永香穂＋永井里実（tobufune）
イラスト　村山宇希



ISBN978-4-532-32253-3
Printed in Japan